Publisher:

MONTENEGRO MEDIA GROUP

All rights reserved 2018

Celuga Bb, 8500 Bar, Montenegro

design and layout by Armin Numanović

WARUM WERDE ICH IMMER WIEDER ENTTÄUSCHT?

Wie man durch Selbstreflexion alte
Verhaltensmuster auflöst.

INHALT

VORWORT

Warum gerate ich immer an den Falschen?", fragen sich viele Frauen
voller Verzweiflung.
Warum haben alle anderen Glück, nur ich nicht?
Was mache ich bloß falsch?

Deine Freundinnen versuchen dich zu beruhigen und erklären dir, dass es
die Schuld der Männer ist. Du kannst nichts dafür. Schließlich kann man
einem Mann nicht ansehen, ob er ein Blender ist oder nicht.
Das stimmt.

Aber es stimmt nicht, dass du unschuldig an deinem Schicksal bist.
In diesem Ratgeber möchte ich dir gerne zeigen, wie es sein kann, dass

die eine Frau immer den Falschen erwischt, während die andere scheinbar ein „goldenes Händchen" bei der Wahl ihrer Partner hat.
Die Gründe dafür sind vielfältig und nicht immer leicht zu verstehen.
Ich werde dir beschreiben, wie dein Gehirn dein Verhalten beeinflusst, ohne dass du auch nur das Geringste davon mitbekommst.
Ich werde dich mit der Funktionsweise deines Unterbewusstseins bekannt machen und dir vor Augen führen, wie dein Gedächtnis Erinnerungen speichert.

Ich werde dir verdeutlichen, welchen Einfluss deine Eltern, deine Freunde und deine Umwelt auf deine Partnerwahl haben.
Ich werde dir erklären, welche Rolle kleine, alltägliche Gewohnheiten in deinem Liebesleben spielen.

Zuletzt werde ich dich darauf aufmerksam machen, wie wichtig es ist, dich auf die Suche nach deinem Selbst zu machen.
Keine Sorge, ich habe nicht die Absicht, dich mit irgendwelchen esoterischen Heilslehren zu traktieren. Ich will dir nur zeigen, dass die Ursachen dafür, dass du immer wieder beim Falschen landest, in deinem Selbst zu fnden sind. Dasselbe gilt für die Lösung des Problems.

Es ist alles eine Frage des Selbst-Vertrauens.

* * *

DIE BIOCHEMIE DER LIEBE

Jahrhunderte lang glaubten die Menschen, die Liebe sei eine Herzensangelegenheit, ein unergründliches Phänomen, das unsere Seele berührt und unserer Existenz einen tieferen Sinn verleiht. Jetzt wollen Wissenschaftler herausgefunden haben, dass sie nicht mehr ist als die Folge biochemischer Prozesse in unserem Körper.

Das Gehirn nimmt Signale auf, verarbeitet diese und gibt dem Körper anschließend Befehle, die zur Folge haben, dass wir bestimmte Emotionen entwickeln.

Diese führen dazu, dass wir uns zu einer bestimmten Person hingezogen fühlen, wir sind „verliebt". Dieser Zustand der Verliebtheit dient (nach Aussage der Wissenschaftler) in erster Linie der Erhaltung unserer Spezies. Mit anderen Worten: es geht um Fortpflanzung. Und damit das Ganze nicht so animalisch derb und plump wirkt, entfacht unser Gehirn ein wahres Feuerwerk an Gefühlen.

Würde man das glauben, wäre der Zauber der Liebe nichts als eine Illusion, eine hervorragend inszenierte Täuschung, die uns ein Geheimnis vermuten lässt, wo keines ist.

Ich werde dir zeigen, dass es nicht ganz so einfach ist, wie es die Wissenschaftler gerne hätten. Die messbaren biochemischen Prozesse im Körper kann man nicht mit Liebe gleichsetzen. Sie gehören dazu, sie sind ein wichtiger Bestandteil, aber sie sind nicht alles.

Nehmen wir zum Beispiel die Theorie, welche besagt, dass du Mr. Right am Körpergeruch erkennen kannst. Es fällt mir schwer, zu glauben, dass du deinen Partner nach dessen Körpergeruch auswählst, nur weil neue Studien bewiesen haben, dass der Eigengeruch eines Menschen deine Meinung über ihn beeinflussen kann.

Den Geruch der sogenannten Pheromone nimmst du nur unbewusst8 wahr. Sie sind Botenstoffe, die von Männern und Frauen über Drüsen ausgeschieden werden und die in grauer Vorzeit unseren Urahnen dabei geholfen haben sollen, den richtigen Partner zu fnden. Pheromone sollen nicht nur über Sympathie und Antipathie entschieden, sondern auch die Lust am Sex gesteigert und so zur Paarbildung beigetragen haben. Die Redewendung „einander riechen können" könnte hier ihren Ursprung haben.
Pheromone werden durch den Geruchssinn über die Schleimhäute direkt in jene Hirnstrukturen weitergeleitet, die man limbisches System nennt. Von dort aus werden zahlreiche überlebenswichtige Instinkte, Triebe und Emotionen gesteuert, von Hunger und Müdigkeit über Wut und Freude bis hin zu Liebe und Lust.

Die Wissenschaftler glauben, dass Pheromone über das limbische System den Sexualtrieb anregen, sobald man dem oder der „Richtigen" begegnet. Zusammen mit anderen Hormonen versetzen sie die verliebte Person in Sekundenschnelle in eine Art Ausnahmezustand.
Im limbischen System werden nun massenhaft Neurotransmitter ausgeschüttet. Das sind Botenstoffe, die dafür sorgen, dass Informationen in Form von elektrischen Impulsen blitzschnell von einer Zelle zur nächsten übertragen werden können.

Einer dieser Neurotransmitter ist das Dopamin, welches in hoher Konzentration euphorische Stimmung auslöst und wie eine Droge auf das sogenannte „Belohnungszentrum" im Gehirn wirkt. Sieht man die geliebte Person oder denkt man an sie, entsteht ein Gefühl der Zufriedenheit und des grenzenlosen Glücks. Das Gehirn belohnt dich gewissermaßen dafür, dass du an die geliebte Person denkst oder Zeit mit ihr verbringst.

Eine ähnliche Wirkung hat der Neurotransmitter Noradrenalin. Er versetzt dich aber nicht nur in gute Stimmung, sondern steigert auch dein Verlangen nach der geliebten Person, indem er Einfluss auf den Hypothalamus nimmt.

Der Hypothalamus ist eine Art Steuerzentrale im Gehirn. Er reguliert eine Vielzahl von Körperfunktionen durch die Ausschüttung von Hormonen. Mit diesen chemischen Botenstoffen werden in deinem Körper wichtige Nachrichten verbreitet. Etwa die, dass du gerade der Liebe deines Lebens begegnet bist.

In diesem Fall erhöht der Hypothalamus die Konzentration der Geschlechtshormone Testosteron und Östrogen in deinem Körper. Auch die Produktion des „Kuschelhormons" Oxytocin läuft jetzt auf Hochtouren. Es weckt in dir den Wunsch, mit der geliebten Person zusammen zu sein und eine langfristige Bindung einzugehen. Unterstützt wird es dabei vom „Treuehormon" Vasopressin, das deine emotionale Bindung an eine bestimmte Person verstärkt und in dir den Wunsch entstehen lässt, den Rest deines Lebens mit eben diesem Menschen zu verbringen.

In Verbindung mit den Geschlechtshormonen sorgen Oxytocin und Vasopressin dafür, dass du in einer Beziehung Lust und Liebe gleichermaßen erlebst und empfndest. Du bist glücklich und zufrieden, weil dich das Gehirn für deine Liebe belohnt mit der Ausschüttung eines weiteren Neurotransmitters, dem Serotonin.

Serotonin ist der „Glücksbotenstoff", dessen Konzentration in deinem Körper desto größer ist, je länger du mit deinem Partner zusammen bist. Seine beruhigende Wirkung macht dich zufrieden und glücklich. Im Zustand der Verliebtheit sinkt dein Serotonin-Spiegel jedoch drastisch ab.

Verantwortlich dafür ist der Neurotransmitter Adrenalin, der zusammen mit Dopamin in gewaltigen Mengen produziert und im Körper freigesetzt wird, sobald du dich verliebst. Adrenalin sorgt dafür, dass du „unter Strom stehst" und dieses „Kribbeln" spürst. Du fndest keine Ruhe, musst ständig an die geliebte Person denken und fürchtest nichts so sehr, als enttäuscht zu werden. Dein Körper steht unter enormem Stress, auch wenn du das vielleicht nicht immer so empfndest, weil dein Gehirn den Zustand des Verliebt-Seins nicht als Bedrohung wahrnimmt.

Erst wenn deine Hoffnungen enttäuscht und deine Gefühle verletzt worden sind, schlägt die positive Erregung in Frustration um. Jetzt bist du im negativen Sinn gestresst, und dein Körper setzt einen anderen Mechanismus in Gang: die Stressreaktion.

Auch hierbei spielt der Hypothalamus eine zentrale, entscheidende Rolle. Er schüttet Botenstoffe aus, welche die Produktion des „Stresshormons" Kortisol anregen. Es gelangt über Blutgefäße in alle Bereiche des Körpers und versetzt diesen in Alarmbereitschaft. Blutdruck, Herzschlag, Atemfrequenz und Energieversorgung der Muskeln werden gesteigert, und alles vorbereitet, damit der Körper auf eine Gefahr reagieren kann. Alles in dir ist auf Kampf oder Flucht eingestellt. Dieser Schutzmechanismus deines Körpers, der das Überleben deiner Urahnen ermöglicht hat, ist heute zu einer der am weitesten verbreiteten Zivilisationskrankheiten geworden.

Normalerweise bremst der Körper zu einem bestimmten Zeitpunkt die Produktion des Stresshormons und signalisiert so das Ende der Gefahr. Die Stressreaktion klingt ab, der Körper entspannt sich und kommt zur Ruhe. Der Befehl dazu kommt aus der Amygdala, dem Angstzentrum des Gehirns.

Sie steuert im Falle einer Gefahr oder Bedrohung die Körperfunktionen ohne Rücksprache mit den Teilen des Gehirns, die für das Denken zuständig sind. Sie reguliert deine instinktiven Verhaltensweisen unter Umgehung der Vernunft, deswegen kannst du so schnell und zielgerichtet auf eine Bedrohung reagieren. Diese Unabhängigkeit des Angstzentrums von den Gehirnregionen, die für rationale, wohl überlegte Entscheidungen zuständig sind, erweist sich unter bestimmten Umständen in heutiger Zeit als äußerst problematisch.

Stress ist heutzutage nicht mehr dasselbe wie vor 100000 Jahren. Du bist nicht gestresst, weil du dich vor wilden Tieren fürchtest, sondern weil du dir um deinen Arbeitsplatz Sorgen machst, weil du Streit mit Kollegen und Nachbarn hast, und vor allem weil du in deiner Beziehung unglücklich bist.

Diese Art von Stress ist kein zeitlich begrenztes Phänomen, es ist für ein Dauerzustand.

Dauerstress führt zu einer Überbeanspruchung der Amygdala, und das hat weitreichende Konsequenzen für deinen Körper. Zuerst einmal stoppt sie nicht mehr die Ausschüttung des Stresshormons Kortisol. Das führt dazu, dass eine andere Gehirnregion geschädigt wird, deren Aufgabe es unter anderem ist, dem Körper das Ende der Gefahr anzuzeigen. Diese Region wird Hippocampus genannt.

Der Hippocampus ist sehr eng mit den Bereichen des Gehirns verbunden, die für das logische Denken zuständig sind. Er hält ständig Rücksprache mit diesen Gehirnarealen, nur so kann er Erlebnisse, Erfahrungen und Gelerntes abspeichern und bewerten. Er entscheidet nach „reiflicher Überlegung", dass die Gefahr vorüber ist.

Leider hat er keinen Einfluss auf das Angstzentrum. Deine Instinkte sind mächtiger als jede Vernunft und lassen sich nicht einfach mit einem Willensakt abstellen. Schon gar nicht, wenn du diese instinktiven Reaktionen gar nicht bewusst wahrnimmst. Die Reaktionen des Körpers auf Dauerstress bleiben dir erst einmal verborgen. Du spürst nicht, wie die Überbeanspruchung des Angstzentrums in deinem Gehirn andere Gehirnregionen schädigt. Du nimmst es nicht wahr, wenn unter dieser Dauerbelastung Teile des Gehirns verkümmern und im wahrsten Sinne des Wortes schrumpfen. Du empfndest keinen physischen Schmerz, wenn dein Körper zu viel oder zu wenig von einem bestimmten Botenstoff produziert. Aber du leidest psychisch, bist wütend, traurig, ängstlich und verzweifelt.

Anhaltender Stress schädigt das Belohnungssystem des Gehirns. Der Ausstoß von Dopamin, Serotonin und Oxytocin verringert sich drastisch. Wie du weißt, sind diese Botenstoffe dafür zuständig, dass du dich gut fühlst, wenn du verliebt bist. Stress verhindert das. Bist du dauerhaftem Stress ausgesetzt, verändert sich dein Denken und Fühlen. Im schlimmsten Fall kann dein Gehirn die Informationen, die es bekommt, nicht mehr so verarbeiten, wie es das tun sollte. Das bedeutet, dass du die falschen Entscheidungen triffst, weil du dich weder auf deine Erfahrungen noch auf dein Bauchgefühl verlassen kannst. Auch nicht bei der Suche nach einem Partner. Du gerätst an den Falschen, immer und immer wieder.

Die Informationsverarbeitung in deinem Gehirn funktioniert seit

Jahrtausenden auf dieselbe Art und Weise. Dass du heute ein vollkommen anderes Leben führst als deine Vorfahren in der Steinzeit ändert daran nicht das Geringste. Deine Gefühle werden immer noch von einem Teil des Gehirns gesteuert, der weitestgehend der bewussten Kontrolle entzogen ist. Und insofern spielen die biochemischen Prozesse, die für die Entstehung von Gefühlen verantwortlich sind eine bedeutende Rolle bei der Suche nach Mr. Right.

Sie entscheiden nicht darüber, zu wem du dich hingezogen fühlst oder in welche Person du dich „auf den ersten Blick" verliebst, aber sie sorgen für die entsprechenden Gefühle, sobald deine Augen an das Gehirn die Information durchgeben, dass du den „Richtigen" gefunden hast. Da diese Gefühle zumindest teilweise unabhängig von den Denkzentren des Gehirns entstehen, weißt du oft nicht, was mit dir los ist, wenn du bis über beide Ohren verliebt bist.

Du bist im wahrsten Sinne des Wortes voller Gefühl und kannst in diesem Liebesrausch keinen klaren Gedanken mehr fassen. Du machst alle möglichen „Dummheiten" und bist blind vor Glück.

Erst wenn die Phase der ersten intensiven Verliebtheit vorbei ist, gewinnt das Denkvermögen wieder die Oberhand. Auch dieser Wechsel lässt sich biochemisch erklären. Wie oben beschrieben, reduziert der Körper den Ausstoß von Adrenalin und Dopamin und verwandelt den anfänglichen Liebesrausch in andauernde Zuneigung. Auch dafür sind körpereigene Botenstoffe verantwortlich. Dank Oxytocin und Vasopressin entwickelst du irgendwann den Wunsch, eine lebenslange Bindung mit einem ganz bestimmten Menschen einzugehen. Deshalb ist es für dich so angenehm, wenn du an eine gemeinsame Zukunft denkst. Die Botenstoffe sorgen dafür, dass dein Gehirn dich für diese Gedanken belohnt mit einem ganzen Feuerwerk von Glücksgefühlen.

Wenn du also von der großen Liebe träumst und dich danach sehnst, mit Mr.Right den Rest deines Lebens zu verbringen, dann liegt das auch (aber nicht nur) daran, dass ein Teil deines Gehirns es so haben will. Dein Unterbewusstsein „weiß" aus Erfahrung, dass eine möglichst lebenslange Paarbindung für den Fortbestand der Spezies Mensch die ideale Lösung ist.

Das limbische System weiß nichts vom Sozialstaat und von veränderten Rollenbildern in der modernen Gesellschaft. Es reagiert auf von außen kommende Informationen in derselben Weise wie vor 100000 Jahren. Was sich verändert hat, ist die Wahrnehmung und das Denken der Menschen. Eine Beziehung zu führen ist heute wesentlich komplizierter als in der Steinzeit. Damals gab es nicht die Wahlmöglichkeiten, die du hast. Das Leben verlief im Grunde für alle Mitglieder eines Klans in denselben Bahnen. Heute kann jeder seinen eigenen Lebens- und Zukunftsplan entwerfen. Du lebst nicht mehr nur deshalb mit deinem Partner zusammen, weil du dich fortpflanzen willst.
Viele Menschen sind in kinderlosen Ehen glücklicher als andere in Beziehungen mit Kindern. Überall ist davon die Rede, dass Kinder eine Belastung sind, und das Beziehungen zerbrechen, weil ein Partner Kinder möchte oder Kinder aus einer früheren Beziehung mitbringt.
Das alles sind Stressfaktoren, die sich ungünstig auf den tief in deinem Unterbewusstsein schlummernden Wunsch auswirken, eine Familie zu gründen und Kinder aufzuziehen. Hier kollidieren deine Instinkte, die unverändert seit Jahrtausenden von Generation zu Generation vererbt werden, mit deinem Bewusstsein und deinem modernen Denken. Die Folge davon ist, dass du oft nicht weißt, „wo dir der Kopf steht", wenn du

über deine Zukunft nachdenkst.

Ich habe oben erklärt, wie sich dieser Stress auf den Körper auswirkt. Wird er zu einem Dauerzustand, gerät deine Gefühlswelt aus den Fugen. Dein Gehirn weiß buchstäblich nicht mehr, was richtig und was falsch ist. Auch in Bezug auf die Liebe.

Die Suche nach dem Wunschpartner wird zum Stressauslöser im negativen Sinn. Durch die ständige Belastung ist dein Körper voller Stresshormone. Du kannst dich gar nicht mehr richtig freuen, wenn du dich verliebst. Das Stresshormon schwächt die Freude über die Begegnung mit dem vermeintlichen Mr.Right so weit ab, dass du ein „komisches" Gefühl bei der Sache hast, sobald du allein zu Hause bist und über ihn nachdenkst.

Dieses Gefühl kann man am ehesten als Misstrauen bezeichnen. Es ist „zu schön, um wahr zu sein". Die vielen schlechten Erfahrungen seit deiner Kindheit, haben dafür gesorgt, dass du gelernt hast, dem Glück zu misstrauen. Also bist du wachsam und kannst dich nicht wirklich freuen, weil du Betrug und Täuschung vermutest. Dein Körper reagiert mit noch mehr Stress auf die vermeintliche „Bedrohung". Dein Verhalten wird „merkwürdig", der Auserwählte zieht sich zurück, und zurück bleibst du mit all deiner Verzweiflung und deinem Kummer und einer schlechten Erfahrung mehr im emotionalen Gepäck.

Anders herum verläuft die Sache, wenn du einem Heuchler auf den Leim gehst. Auch hier spielt die gestörte Gefühlswelt eine zentrale Rolle.

Du erkennst in ihm Mr.Right, hast Schmetterlinge im Bauch, kannst vor Aufregung nicht mehr schlafen und machst schon große Zukunftspläne.

Bis dahin ist scheinbar alles in Ordnung.

Nun kommt aber die Phase, in der die Verliebtheit der Liebe weichen sollte. Ich habe dir gezeigt, wie der Körper diesen Übergang ermöglicht. Statt Dopamin und Adrenalin schüttet er nun Oxyrocin, Serotonin und Vasopressin aus. Oder, besser gesagt, das sollte er, denn er tut es in Wahrheit nur zögerlich. Jetzt fühlst du auf unangenehmste Weise, dass etwas nicht stimmt.

Du bist noch immer voller Adrenalin und an die Stelle von Dopamin tritt nicht Oxytocin, sondern das Stresshormon Kortisol. Zufriedenheit und Glück wechseln in rascher Folge mit Angst und Misstrauen. So sehr du dich auch bemühst, du kannst die negativen Gefühle nicht unterdrücken. Dein Unterbewusstsein sendet dir Gefahrensignale, jedes Mal, wenn er etwas sagt oder macht, was deinem Gedächtnis aus leidvoller Erfahrung heraus als gefährlich oder negativ bekannt ist. Deine Erinnerung warnt dich davor, die Fehler der Vergangenheit zu wiederholen. Dein limbisches System überschwemmt dich mit jenen Botenstoffen, die dich vor einer Gefahr schützen sollen, indem sie deine Fluchtbereitschaft steigern und alle deine Sinne aufs Äußerste schärfen. Doch es nützt alles nichts.

Etwas in dir ist mächtiger als deine Instinkte. Es ringt die biochemischen Prozesse deines Körpers mit Willenskraft nieder und lässt dich glauben, dass du es dieses Mal schaffen wirst.

Diese Ebene, die oberhalb deiner Gefühle und Instinkte liegt, besteht aus den bewussten und unbewussten (aber im Gehirn gespeicherten) Erinnerungen an deine Kindheit und Jugend.

* * *

ERZIEHUNG UND FAMILIE

Bei der Wahl des richtigen Partners spielen die Erinnerungen an die Eltern eine weitaus größere Rolle, als den meisten Menschen bewusst ist. Nicht umsonst arbeiten die Wissenschaftler feberhaft an der Erforschung der Mutter-Kind- und Vater-Kind-Beziehung.

Die Beziehung einer Mutter zu ihrer Tochter wird von Psychologen auch als „Mutter aller Beziehungen" bezeichnet, weil sie das Denken und Handeln der Tochter nachhaltiger beeinflusst als jede andere Beziehung in Kindheit und Jugend. Nicht einmal die Vater-Tochter-Beziehung wird von einem Mädchen annähernd so intensiv erlebt.

Das liegt sicherlich daran, dass die Mutter-Tochter-Beziehung die komplizierteste Bindung ist, die ein Mädchen eingehen kann. Hier spielt vieles eine Rolle, was in anderen Beziehungen gar keine oder nur eine untergeordnete Rolle spielt: zum Beispiel Liebe, Anerkennung und Stolz, aber auch Abhängigkeit, Eifersucht und Neid.
Die Kluft zwischen diesen zum Teil extremen Empfndungen wird besonders deutlich, wenn das Mädchen in die Pubertät kommt.
Als Kind vergöttert das Mädchen die Mutter regelrecht und will so sein wie sie. Mit dem Eintritt in die Pubertät verändert sich das ins exakte

Gegenteil. Plötzlich ist die Mutter peinlich und das Motto lautet: Bloß nie so werden wie meine Mutter!

Dieser extreme Umschwung lässt viele Mütter ratlos und verletzt zurück, sie verstehen nicht, wie ihr einstmals so süßes Mädchen sich so hat verändern können. Enttäuschung, Zorn und Trauer lähmen sie und verhindern, dass sie um die Beziehung zu ihrer Tochter kämpfen.

Der einzige Weg, wie eine Mutter diese schwierige Phase überstehen kann, ohne dass durch ihr Fehlverhalten die Beziehung zur Tochter dauerhaften Schaden nimmt, besteht darin, mit Geduld und Gelassenheit auf die Launen ihrer Tochter zu reagieren. Nur wenn die Mutter ruhig bleibt, kann sie die richtigen Worte fnden und sich angemessen verhalten, selbst dann, wenn die Tochter nicht aufhören will, zu rebellieren und zu provozieren.

Die Beziehung zur eigenen pubertierenden Tochter ist für die Mutter eine Zeit, in der sie intensiv an sich selbst arbeiten und sich weiterentwickeln muss. Sie muss lernen, gewisse Konflikte einfach auszuhalten und selbst noch dann ihr Fingerspitzengefühl bewahren, wenn die Tochter längst die Grenzen der Höflichkeit und des Respekts überschritten hat.

Viele Frauen tun ihr Möglichstes, um diese Ruhe und Gelassenheit all die Jahre hindurch zu bewahren. Sie lieben ihre Töchter aus ganzem Herzen und sind bereit, selbst die hässlichsten Kröten zu schlucken, wenn sie damit erreichen können, dass die Mutter-Tochter-Beziehung keinen Schaden nimmt.

Aber nicht alle Frauen besitzen genug Selbstvertrauen um dieser Belastung standzuhalten.

Jede Mutter war selbst einmal Tochter, und wenn die eigene MutterTochter-Beziehung alles andere als harmonisch verlaufen ist, dann ist es für die Frau nahezu unmöglich, der eigenen Tochter so weit entgegenzukommen, wie ich das gerade beschrieben habe. Nicht nur die positive Beziehung zur Mutter prägt ein Mädchen für das ganze Leben, sondern auch die negativen Erfahrungen im Zusammenleben mit der Mutter.

Das beginnt schon während der Schwangerschaft. In dieser Zeit ist das Mädchen direkt mit der Mutter verbunden und empfndet deren Stimmungsschwankungen wie etwas, das ihm selbst widerfährt. Das liegt daran, dass der Körper der Mutter in Stresssituationen die im ersten Kapitel genannten Botenstoffe freisetzt, welche über die Blutbahnen zum Kind gelangen und dessen Gehirn beeinflussen. Das kann so weit gehen, dass schon vor der Geburt das limbische System des Kindes, also jener Teil des Gehirns, der für die Gefühle zuständig ist, geschädigt wird. Ohne es zu merken oder zu wollen, verändert die Mutter die Wesensart der Tochter, noch ehe sie geboren ist.

Im ersten Kapitel habe ich beschrieben, wie Dauerstress den Gefühlshaushalt einer Person verändert, indem es die Produktion von glücklich machenden Botenstoffen vermindert oder verhindert. Ist eine schwangere Frau Dauerstress ausgesetzt, bombardiert sie ihre Tochter über Monate hinweg mit einem Übermaß an Stresshormonen. Das wachsende Gehirn des Mädchens gewöhnt sich daran und entwickelt entsprechende Strukturen. Wenn das Kind geboren wird, ist seine Stressresistenz stark reduziert. Die Mechanismen des Gehirns, die Stress abbauen, sind derart unterentwickelt, dass das Kind vom ersten Tag an nicht die Voraussetzungen hat, die es bräuchte, um mit Stress umgehen zu können.

Dazu kommt, dass eine Mutter, die während der Schwangerschaft solch einer hohen Belastung ausgesetzt ist 8egal, was die Gründe dafür sein mögen), sich nicht wirklich auf das Kind freuen kann.
Wenn die Tochter schließlich mit ihrem angeborenen Mangel an Stressresistenz geboren wird, wartet ein denkbar schlechtes familiäres Umfeld auf sie. Dabei spielt es keine Rolle, ob die Frau einen Partner hat oder ob der Vater des Mädchens sich aus dem Staub gemacht hat. Denn die Mutter ist es, deren Gefühlshaushalt in Unordnung ist.
Das Mädchen wird in eine Mutter-Tochter-Beziehung hineingeboren, bei der es der Mutter aufgrund der widerwärtigen Lebensumstände primär um die Befriedigung ihrer eigenen Bedürfnisse geht. Eine solche Mutter ist vollkommen unfähig, ihrer Tochter die Mutterliebe zu geben, die sie bräuchte, um sich normal entwickeln zu können. Vom ersten Tag an leidet die Tochter unter der fehlenden Empathie der Mutter.

Das Kind wird mit zunehmendem Alter immer verzweifelter und hartnäckiger versuchen, der Mutter zu gefallen, weil es sich nach deren Liebe sehnt. Dazu fxiert es sich auf das Verhalten der Mutter, damit es lernt, deren Handlungen zu verstehen. Doch egal was das Mädchen auch unternimmt, um es der Mutter recht zu machen, es ist nie das, was die Mutter zufriedenstellt. Zumindest nimmt es die Tochter so wahr.
Sie will nicht wahrhaben, dass die eigene Mutter aus persönlichen Gründen nicht in der Lage ist, ihre Tochter zu lieben. Die Vorstellung, dass die eigene Mutter „nicht normal" sein könnte, versetzt das Mädchen so sehr in Angst, dass es die Wahrheit ausblendet und beginnt, sich selbst

zu belügen. Es gibt sich selbst die Schuld am Verhalten der Mutter und rechtfertigt deren Lieblosigkeit damit, dass es sich selbst vorwirft, böse zu sein.

Diese bewussten oder unbewussten Selbstanklagen verhindern die Ausbildung eines intakten Selbstwertgefühls und eines stabilen Selbstvertrauens. Das Fehlen von Selbstachtung und die unbefriedigte Sehnsucht nach emotionaler Sicherheit und Geborgenheit verbinden sich im Denken und Fühlen des Mädchens zu einer quälenden Angst vor der Zukunft.

Dasselbe geschieht mit Mädchen deren Mütter das Leben ihrer Töchter bis ins Kleinste kontrollieren und dominieren wollen. Auf den ersten Blick scheint es das Gegenteil zu sein zu dem eben beschriebenen Verhalten einer Mutter, die so sehr mit sich selbst beschäftigt ist, dass sie keine wirkliche Mutterliebe empfnden und geben kann. Sieht man aber genauer hin, so erkennt man, dass die dominante Mutter ebenso wenig Liebe für ihr Kind aufbringen kann wie die desinteressierte Mutter. Auch die dominante Mutter will nur ihre eigenen Wünsche und Bedürfnisse befriedigen. Anders als die desinteressierte Mutter vernachlässigt sie ihr Kind aber nicht, sondern versucht es nach ihrer Idealvorstellung zu einem „perfekten Mädchen" zu formen. Für Außenstehende liegen zwischen diesen beiden Mütter-Typen Welten, weil sich die dominante Mutter für ihre Tochter aufzuopfern scheint. Im Gegenteil zur desinteressierten Mutter ist sie voll des Lobes für ihr Mädchen. Sie idealisiert es geradezu, und schädigt gerade damit ihr Selbstwertgefühl.

Alle von der Mutter gelobten Eigenschaften und Verhaltensweisen entspringen nur der mütterlichen Vorstellung von Perfektion und sind nicht Teil der kindlichen Persönlichkeit. Das Mädchen fühlt sich minderwertig, weil es sich diese Eigenschaften, die der Mutter so viel bedeuten, nie wirklich aneignen kann. Es besitzt nur Wesensmerkmale, die der Mutter unerwünscht sind.

Pubertäre Autonomiebestrebungen werden von der Mutter im Keim erstickt und müssen von der Tochter mit heftigen Schuldgefühlen teuer bezahlt werden. Allerdings glaubt die dominante Mutter der Tochter nicht, dass es ihr leid tut, schließlich kennt die Mutter ihr Kind besser als dieses sich selbst. Aus diesem Grund lässt sie ihre „ungehorsame" pubertierende Tochter auch keinen Moment aus den Augen. Nur wenn das Mädchen macht, was die Mutter sagt, wird es im Leben erfolgreich sein können.

Wie die Tochter der desinteressierten Mutter kann auch die Tochter der dominanten Mutter keine eigene Persönlichkeit aufbauen, weil sie ihre ganze Energie darauf verschwendet, die Liebe der gefühlsarmen, egoistischen Mutter zu gewinnen.

Solche Mädchen erleben ihre Kindheit und Jugend wie einen nicht enden wollenden Alptraum. Wenn sie erwachsen sind, blicken sie nicht voller Energie und Hoffnung in die Zukunft, sondern werden beherrscht von unkontrollierbaren Ängsten und Befürchtungen. Sie haben nie gelernt, ihre eigenen Bedürfnisse als etwas Positives zu betrachten. Ihre Selbstachtung ist so gering, dass die Vorstellung, auf eigenen Beinen stehen zu müssen, fast schon Panik verursacht.

Die Suche nach Mr. Right hat für diese Frauen nichts mit Romantik zu tun, sie ist ein stressgeladener Wettlauf gegen die Zeit, bei dem es einzig und allein darum geht, jemanden zu fnden, der die nagende Angst besiegt, die diesen Frauen das Leben zur Hölle macht.

Manchmal hat eine Tochter das Glück, dass ein liebender Vater sie im Elternhaus vor der egoistischen Mutter „beschützt". In diesem Fall wird der Vater zum Maßstab für jeden potentiellen Partner in der Zukunft.

Die Frau wird bei allen Männern nach Verhaltensweisen und äußeren Merkmalen suchen, die sie an den geliebten Vater erinnern. Kein leichtes Unterfangen in Anbetracht der Tatsache, dass es sich um Männer aus unterschiedlichen Generationen handelt. Da wird oftmals der Wunsch zum Vater des Gedankens, und die Enttäuschung lässt nicht lange auf sich warten.

Dasselbe gilt für die Töchter, die sich als erwachsene Frauen nur voller Abneigung an ihre (lieblosen und unaufmerksamen) Väter erinnern und bei potentiellen Partnern all das suchen, was sie vom Vater unterscheidet. Auch in dieser Konstellation ist die Partnersuche kein aufregendes Abenteuer, sondern eine stressbeladene Heimsuchung, die frau so rasch wie möglich hinter sich bringen will.

Die Wahrscheinlichkeit, dass die Tochter einer desinteressierten oder dominanten Mutter den Falschen erwischt, ist sehr hoch. Sie entscheidet sich nicht für diesen oder jenen Mann aus dem Wunsch heraus, durch die Beziehung mit ihm ihre eigenen Bedürfnisse zu befriedigen, sondern weil eine tief sitzende Existenzangst sie dazu treibt, jemand zu fnden, der sie von dieser quälenden Furcht befreit.

Wie schon gesagt, ist Angst aber ein denkbar schlechter Ratgeber bei der Partnersuche. Einen Mann, mit dem du nur eine Beziehung eingehst, damit er dich von deiner kindlichen Angst befreit, wirst du nie wirklich lieben können.

Liebe ist ein positives Gefühl, du willst für das geliebt werden, was du bist. Dazu musst du dich aber für liebenswert halten, und das kannst du nur, wenn du mit dir selbst zufrieden bist.

Wenn du dir aber selbst die Schuld am herzlosen Verhalten deiner Mutter und/ oder deines Vaters gibst und dich deswegen für nicht liebenswert hältst, wirst du nach einem Partner suchen, der dich davon überzeugt, dass deine negative Selbsteinschätzung falsch ist. Das klingt zwar gut, ist es aber nicht.

Du wirst an einen Mann geraten, der ein ebenso herzloser Mensch ist, wie es deine Mutter oder dein Vater war. Wieder wirst du ausgenutzt und gedemütigt werden, wieder wird man dein Selbstwertgefühl in den Schmutz treten bis nichts mehr davon übrig ist, und wieder wirst du dir selbst die Schuld daran geben. Denn so oft du dir auch sagst, dass du jemanden suchst, der das Gegenteil deines Vaters oder deiner Mutter ist, so sicher fndest du jedes Mal einen Mann, der sich über kurz oder lang als ebenso herzlos und egoistisch erweist wie die Person, unter der du gelitten hast.Was dich antreibt, ist der Wunsch nach Wiedergutmachung von etwas, was du nicht getan hast, und was daher nicht wieder gut gemacht werden kann. Das musst du begreifen, wenn du dich in einem solchen Teufelskreis befndest.
Sonst wirst du ewig an den Falschen geraten.

Du wirst immer auf die Männer hereinfallen, die dich nur benutzen wollen zur Befriedigung ihrer eigenen Bedürfnisse. Und davon gibt es heutzutage mehr als genug. Schließlich gelten in unserer Zeit Egoismus und Heuchelei nicht mehr per se als negative Eigenschaften.

* * *

GENERATION BEZIEHUNGSUNFÄHIG

Eines der größten Probleme in der heutigen Zeit ist die vermeintliche oder tatsächliche Beziehungsunfähigkeit vieler Männer und Frauen. Sie ist verantwortlich für das Scheitern unzähliger Partnerschaften und Ehen. Dabei spielt es keine Rolle, ob nur ein Partner oder beide an der Unfähigkeit leiden, eine Beziehung zu führen. Die Konsequenzen sind in allen Fällen dieselben.

Die Ursachen für Beziehungsunfähigkeit sind vielfältig und komplex. Sie reichen von negativen gesellschaftlichen Einflüssen, über Probleme im Elternhaus, bis hin zu schlechten Erfahrungen im sozialen Umfeld während der Kindheit und Jugend. Vor allem die Pubertät spielt eine wichtige Rolle bei der Entstehung von Beziehungsunfähigkeit. Das Teenageralter stellt für die Mädchen und Jungen eine gewaltige Herausforderung dar. Sie müssen eine Vielzahl von entwicklungsbedingten Veränderungen bewältigen und verarbeiten, und lernen, aus den ihnen gebotenen Möglichkeiten und Chancen zu wählen. Das führt viele Jugendliche an die Grenzen ihrer psychischen

Belastbarkeit und manche auch darüber hinaus. Verhaltensauffälligkeiten bis hin zu seelischen Störungen sind die Folge.

Einer der Gründe dafür, warum die in dieser Zeit gemachten Erfahrungen so schwerwiegende, unter Umständen sogar zeitlich unbegrenzte Folgen haben können, ist die in der Pubertät stattfndende Umgestaltung einiger Gehirnregionen.

Wissenschaftlern zufolge „pubertiert" auch das Gehirn in dieser Zeit des physischen und psychischen Wandels. Allerdings sind nicht die Gehirnregionen betroffen, von denen im ersten Kapitel die Rede war, sondern jene, die für Denken, Fühlen und Verstehen zuständig sind. In der Pubertät bilden sich in diesen Regionen des Gehirns neue neuronale Netze, d.h. je nachdem, was ein Jugendlicher während dieser Jahre erlebt oder erleidet, entsteht ein ganz spezifsches Muster an Verbindungen zwischen Nervenzellen im Gehirn. Diese Muster beeinflussen das Denken eines Menschen, sobald er erwachsen ist. Es ist also ganz und gar nicht egal, was ein Jugendlicher während der Pubertät macht und wie die Eltern darauf reagieren.

In dieser Phase deines Lebens hast du gelernt, eigenständig nach Lösungen für Probleme zu suchen. Nicht nur in der Schule, auch in deiner Freizeit hast du dich darin versucht, eigene Fragestellungen zu gewissen Themen zu entwickeln und diese dann logisch zu hinterfragen. All das hat dazu geführt, dass du langsam aber sicher dein eigenes Bewertungsund Orientierungssystem erschaffen hast. Dein naiver Glaube an die vermeintliche Allwissenheit deiner Eltern, der dir in deiner Kindheit so wichtig war, ist rebellischem Trotz gewichen. Du hast alles in Frage gestellt, was deine Eltern dir gesagt oder von dir verlangt haben. Und nicht nur das. Du hast ebenso an den Säulen der dir bekannten Welt zu rütteln begonnen, hast das Wertesystem und die Autoritäten unserer Gesellschaft und die Normen und Traditionen unserer Kultur in Frage gestellt. Je besser dein logisches Denken sich entwickelt hat, desto mehr hast du Kritik an den herrschenden Zuständen geübt.

Du hast aber auch gelernt, dich selbst kritisch zu sehen und hast begonnen, deinen Platz im Ganzen zu suchen. Mit anderen Worten, du hast damit begonnen, dich zu fragen, wer du bist.
Die Herausbildung einer eigenen Identität ist einer der wichtigsten Entwicklungsschritte im Leben eines jeden Menschen. Wird dieser Prozess gestört oder nachhaltig beeinträchtigt durch negative Einflüsse von außen, kann das zu einer Identitätskrise führen, die im schlimmsten Fall ein Leben lang anhalten wird.

Das Selbstwertgefühl und das Selbstvertrauen sind dann so verkümmert, dass der betreffende Mensch den Glauben an sich verloren hat und sich fühlt, als wäre er ein Fremder im eigenen Körper. Er sucht dann nur noch außerhalb seines Selbst nach Antworten auf all die Fragen, die ihn belasten. So wird er zum Spielball fremder Einflüsse und Einflüsterungen und kommt immer weiter vom eigenen Weg ab.

Die quälende Orientierungslosigkeit treibt ihn dazu, in die Fußstapfen anderer zu treten, weil er glaubt, so seinem Leben eine Richtung geben zu können. Doch er kommt immer mehr vom eigenen Weg ab, weil es nicht sein Selbst ist, auf das er hört, sondern der Wille einer anderen Person oder einer anonymen Masse von Menschen, die er nicht einmal persönlich kennt.

Die Kinder von desinteressierten oder dominanten Müttern bzw. Eltern haben kaum eine Chance, ihren eigenen Weg zu gehen. Selbstwertgefühl und Selbstvertrauen werden ihnen schon im frühen Kindesalter gründlich ausgetrieben. Der Dauerstress, dem sie seit ihrer Geburt ausgesetzt sind, hat dazu geführt, dass sie beim Eintritt in die Pubertät eine körperliche Veranlagung mitbringen, die es ihnen vollkommen unmöglich macht, mit diesen krisenhaften Situationen umzugehen. Diese Veranlagung führt dazu, dass sich das pubertierende Gehirn nicht so entwickelt, wie es sollte. Zusammen mit den nicht enden wollenden Auseinandersetzungen in der Familie sind so die Voraussetzungen dafür geschaffen, dass der Jugendliche auch im Umgang mit Gleichaltrigen mit zahlreichen Problemen konfrontiert wird.

Es ist ihm fast unmöglich, einer anderen Person Vertrauen und positive Gefühle entgegen zu bringen. Er ist unfähig, sich zu öffnen, sich jemandem anzuvertrauen oder mit jemand anderem über seine Wünsche, Träume, Hoffnungen und Sehnsüchte zu sprechen. Er hat nie gelernt, dass Ehrlichkeit etwas Positives ist. Aufrichtige Zuneigung gibt es nicht, wahre Liebe noch viel weniger. Wer einem anderen seine Liebe gesteht, offenbart nur seine Schwäche und macht sich angreifbar.
Die Voraussetzungen für Bindungsunfähigkeit sind gelegt, das Verhängnis nimmt seinen Lauf.

Anders als noch vor zwei Generationen lebst du in einer Gesellschaft, in der die alten tradierten Vorstellungen von Ehe und Partnerschaft kaum noch als Maßstab für die persönliche Lebens- und Zukunftsplanung akzeptiert werden. Heute kommt es nur noch ganz selten vor, dass Paare in der althergebrachten Form von ehelicher Gemeinschaft zusammenleben, in der sie Hausfrau, Ehefrau und Mutter und er Ehemann, Vater und Ernährer/ Alleinverdiener ist. Heutzutage muss eine Frau nicht mehr heiraten, um sich ökonomisch abzusichern. Frauen müssen ebenso wie ihre Ehemänner arbeiten. Die überwiegende Mehrzahl der Familienväter verdient bei weitem nicht genug, um eine Familie versorgen zu können. Die Berufstätigkeit der Frau ist eine Notwendigkeit, gerade dann, wenn eine Familie gegründet wurde. Die vielfältigen Unterstützungsangebote für alleinerziehende Mütter ermöglichen es Frauen, auch ohne Mann (meist nur mehr schlecht als recht) fnanziell über die Runden zu kommen. Alleinerziehende sind zwar mehr als andere von Armut bedroht, aber die Trennung vom Partner bedeutet schon lange nicht mehr, dass man zum gesellschaftlichen Außenseiter wird.

Somit ist das Leben heute weitaus weniger strukturiert, als es noch vor 50 Jahren der Fall war. Laut Statistik haben Dreißigjährige mehr Beziehungen hinter sich als Sechzigjährige. Je weniger die Gesellschaft Druck auf die einzelnen Menschen ausübt, desto freier und unabhängiger können sie entscheiden. Das hat aber nicht nur Vorteile.
Heute spielen in einer Beziehung nicht mehr äußere Faktoren wie wirtschaftliche Sicherheit und sozialer Status die wichtigste Rolle. An deren Stelle sind längst persönliche Werte wie Vertrauen, Offenheit, Kompromissbereitschaft und Empathie getreten.

Also genau die Werte, die Beziehungsunfähigen so schmerzlich fehlen. Früher hat man sich „zusammengerauft", weil es nicht anders ging. Heute geht es anders, deswegen hat keiner mehr das Verlangen, zu „raufen". Wenn es nicht geht, dann geht es eben nicht. Man trennt sich vom Partner und sucht einen neuen. Das ist an und für sich nichts Schlechtes, schließlich nützt eine kaputte Beziehung keinem, am wenigsten den Kindern. Aber den Kindern nützt auch ein mehrfacher Wechsel nichts. Kinder lernen von ihren Eltern auch wie man Beziehungen führt. Wenn die Eltern nicht fähig sind, aufeinander zuzugehen, miteinander zu sprechen und Konflikte gemeinsam zu lösen, werden die Kinder kaum eine Chance haben, diese Kompetenzen auszubilden. Sie lernen lediglich, dass man sich im Konfliktfall zwangsläufg Schritt für Schritt schweigend voneinander entfernt bis zur endgültigen Trennung.

Dabei lohnt es sich, um eine Beziehung zu kämpfen, wenn man aufrichtige Gefühle für den Partner hat. Doch viele sind sich dessen eben nicht sicher. Das gilt vor allem für jene, die an einem Mangel an Selbstvertrauen und Selbstwertgefühl leiden. Sie wählen nicht von einer starken eigenen Position aus ihren Partner, sondern irren orientierungslos und voller Furcht durch's Leben und suchen verzweifelt nach einem Menschen, der sie von ihrer Qual befreit.

Sobald sie auf jemanden treffen, der ihnen den Eindruck vermittelt, der „Retter" zu sein, sind sie sich sicher, „Mr. oder Mrs. Right" gefunden zu haben. Doch der Traumpartner entpuppt sich rasch als das Gegenteil dessen, was man erwartet hat. Also sucht man weiter nach der „Großen Liebe".

* * *

DER TRAUM VON
DER GROSSEN LIEBE

Die Liebe für's Leben zu fnden, ist ein Wunsch, der sowohl psychisch als
auch physisch tief in uns verankert ist.

Wie ich im ersten Kapitel gezeigt habe, ist dieser Wunsch unter anderem
die Folge einer seit Urzeiten vererbten körperlichen Veranlagung. Wenn
du verliebt bist, sendet dein Denkzentrum eine Flut von elektrischen
Signalen an den Teil deines Gehirns, der für die Instinkte zuständig ist.
Dort setzen die Signale eine Kette von Prozessen in Gang, die dazu führen,
dass dein Körper mit Hormonen überschwemmt wird, die in dir das
Bedürfnis wecken, mit der Person, die du liebst, bis an dein Lebensende
zusammen zu bleiben.

Dieses Bedürfnis wird an das Belohnungszentrum im Gehirn gemeldet,
welches dafür sorgt, dass du für diesen Wunsch mit noch mehr
Glücksgefühlen belohnt wirst. Dein Gehirn setzt alles daran, dich davon
zu überzeugen, dass eine lebenslange Bindung an eine bestimmte
Person etwas ist, dass dich glücklich macht. Gesteuert wird dein Gehirn

dabei von uralten Instinkten, die tief in dir schlummern und unbewusst dein Denken und Handeln beeinflussen. In diesem Fall ist es dein Fortpflanzungsinstinkt, der sich mit aller Macht zu Wort meldet. Er will, dass du Kinder bekommst und so zum Fortbestand der Spezies Mensch beiträgst.

Weil du aber kein instinktgesteuertes Tier, sondern ein vernunftbegabter Mensch bist, ist es nicht ganz so einfach mit der „Großen Liebe".

Für dich sind deine Erfahrungen und deine Wünsche ebenso wichtig bei der Partnerwahl wie deine Instinkte. Wenn nun deine Wünsche, deine Erfahrungen, und deine Instinkte nicht zusammenpassen, passiert genau das, was nicht passieren sollte: du gerätst an den Falschen.

Aber wie sollen deine Wünsche, deine Erfahrungen und deine Instinkte nicht zusammenpassen? Du bist ein vernünftiger Mensch, du lernst aus deinen Fehlern und du bist in der Lage, richtig von falsch zu unterscheiden. Zumindest in den meisten Situationen. In der Liebe ist das leider nicht immer der Fall. Wie gesagt, es hängt alles davon ab, ob du in einem sozialen Umfeld aufgewachsen bist, dass dir die Möglichkeit geboten hat, selbständig deine Persönlichkeit zu entwickeln und eine eigene Identität herauszubilden.

Eine eigene Identität bedeutet, dass du deinen Platz in der Gesellschaft gefunden hast. Du hast ein Bild deines Selbst. Dieses Bild hast du in das Puzzle eingefügt, das dein soziales Umfeld darstellt. Kurz gesagt, du bist die Person, die du sein willst und gleichzeitig ein akzeptiertes Mitglied der Gemeinschaft. Letzteres bist du, weil du eine bestimmte soziale Rolle übernommen hast. So bist du für andere ein kalkulierbarer Gegenüber und kein unberechenbarer Fremder. Unsere demokratische

Grundordnung gibt jedem genug Raum, um die eigene Identität im Rahmen einer gesellschaftlich anerkannten sozialen Rolle auszuleben. Zumindest theoretisch.

Praktisch ist das dann ein Problem, wenn du deine eigene Identität nicht fndest, weil du dir aufgrund verschiedener Ursachen so fremd bist wie jedem anderen. Dann übernimmst du keine soziale Rolle, sondern spielst diese Rolle, wie ein Schauspieler, und dasselbe tust du mit deiner vermeintlichen Identität, die gar nicht deine ist.

Und dann bist es auch nicht du, der die „Große Liebe" sucht, sondern der Schauspieler in dir, der einem Drehbuch folgt, dass ein anderer geschrieben hat und das du nur versuchst auswendig zu lernen, damit du deine Rolle so gut wie möglich spielen kannst.

Wohlfühlen wirst du dich aber nie wirklich. Auch dein Instinkt wird dich warnen. Das oben beschriebene Belohnungssystem deines Gehirns funktioniert nicht, wie es soll. Dein unbewusster Wunsch nach ewiger Liebe vermengt sich mit einem äußerst unangenehmen, unbewussten Warnschrei aus den Tiefen deiner Erinnerung.

Etwas in dir lässt dich wissen, dass deine vermeintlich große Liebe ein Mensch ist, dessen Wesensart du aus deinen Erfahrungen mit anderen Personen kennst. Deine Erinnerung sagt: Finger weg!
Doch dein Denkzentrum wiederholt: Hol ihn dir!
Wie entsteht dieser Widerspruch?
Ganz einfach: du belügst dich selbst.

Du ignorierst deine schlechten Erinnerungen und Erfahrungen, weil du nicht genug Selbstvertrauen hast, um das Ruder herumzureißen und einen Neuanfang zu machen. Du hältst am alten, falschen Weg fest, weil du dir nicht zutraust, selbständig einen neuen Weg einzuschlagen. Du sagst dir, dass du es nötig hast, einen „Retter" zu fnden. Du glaubst, dass dir jemand zur Hand gehen muss, wenn du dein Selbst fnden willst. Du glaubst fest daran, obwohl es ein Ding der Unmöglichkeit ist. Ein anderer kann dir vor Augen führen, wie wichtig es ist, dein Selbst zu fnden. Vielleicht kann er dir auch sagen, wie oder wo du die Suche beginnen kannst. Er kann dir das Rüstzeug für die Reise liefern. Aber niemals wird er dir sagen können, was du fndest, und was du aus dem, was du gefunden hast, machen sollst. Denn nur du selbst weißt, was gut für dich ist und was nicht.

Aber kommen wir zurück zu deiner Suche nach der Großen Liebe. Du suchst etwas, dass du ohne Selbstvertrauen und ohne Selbstwertgefühl nicht fnden kannst.

Du glaubst, die Große Liebe zu suchen, dabei suchst du nur verzweifelt nach jemandem, der deinen Selbsthass und deine Selbstzweifel zum Schweigen bringt. Du suchst den Einen, den Richtigen, der dir die Liebe gibt, die deine Mutter dir nicht geben wollte oder die deine Eltern dir grundlos verweigert haben. Du willst dir nicht länger sagen müssen, dass du ein schlechter Mensch bist, den man nicht lieben kann. Also suchst du jemanden, der dich an deine Eltern oder deine Mutter oder deinen Vater erinnert, je nachdem, wer dir das Selbstvertrauen und die Lebensfreude genommen hat, und dann klammerst du dich an ihn und redest dir ein, er sei deine Große Liebe. Aber dein Gedächtnis weiß es besser. Deine innere Stimme warnt dich. Sie sendet mitten in den vermeintlichen Liebesrausch hinein Warnsignale wie ein Störsender im Radio.

Du „weißt" tief in dir drin, dass du einen Fehler machst, aber du hast keine Idee, wie du es anders machen könntest, also verlässt du dich auf dein „Herz".
Aber es ist nicht dein Herz, das zu dir spricht, sondern deine Verzweiflung, die dich dazu bringt, dich selbst zu belügen.

* * *

ÜBERALL NUR BLENDER UND HEUCHLER

Wir leben in einer Zeit, in der es geradezu selbstverständlich geworden ist, andere Menschen zu täuschen und zu manipulieren. Durch die Fortschritte in den sogenannten Neurowissenschaften weiß man mehr als je zuvor über die Art und Weise, wie das Gehirn funktioniert und wie menschliche Entscheidungsprozesse ablaufen. Ununterbrochen werden Studien durchgeführt, welche die Reaktion des Menschen auf ganz bestimmte Umwelteinflüsse untersuchen. Die Werbewirtschaft hat sich längst die Ergebnisse dieser Forschungen zunutze gemacht. Neuromarketing lautet das Stichwort.

Die Erkenntnis, dass 95% aller Denkprozesse unbewusst ablaufen, hat das Interesse der Unternehmen am Unterbewusstsein des Menschen geweckt. Es geht um jene Gehirnregionen, über die ich schon im ersten Kapitel gesprochen habe, vor allem um das limbische System, das die Emotionen steuert und Gedächtnisinhalte speichert. Es ist zuständig für die emotionale Bewertung aller Informationen, die das Gehirn erreichen. Alles, was wir gelernt oder erlebt haben, wird mit einer Emotion verknüpft und im Gedächtnis archiviert.

Auch bereits gefällte Kaufentscheidungen werden so gespeichert und bewertet, und beeinflussen unbewusst unsere künftigen Kaufentscheidungen. Wir entscheiden uns für oder gegen ein neues Produkt nur zu 5% bewusst (und zu 95% unbewusst, weil wir unsere bereits gemachten Erfahrungen mit ähnlichen Produkten zu Rate ziehen. Je nachdem haben wir dann ein gutes oder schlechtes „Gefühl", wenn wir das neue Produkt sehen).

Mit Hilfe von Neuromarketing wollen die Unternehmen nun Einfluss nehmen auf unser Unterbewusstsein und unsere unbewussten Kaufentscheidungen manipulieren. Es ist der Versuch, durch subtile Signale unsere Wahrnehmung und unser Gedächtnis zu steuern, ohne dass wir etwas davon mitbekommen.
Die Wissenschaftler und Unternehmer reden ganz offen und ungeniert über diesen Manipulationsversuch, so als wäre es das Normalste auf der Welt, Kunden gezielt zu beeinflussen (und zu täuschen), nur um den Umsatz einzelner Unternehmen zu steigern.

Vorsätzliche Manipulation und Täuschung sind nicht länger etwas Negatives, sondern Verhaltensweisen, die man sich möglichst perfekt aneignen muss, wenn man es im Leben zu etwas bringen will.
Je mehr man über das menschliche Gehirn und dessen Funktionsweise lernt, desto besser kann man Menschen manipulieren und sie dazu bringen, das zu tun, was einem selbst nützt und Proft einbringt.
Und da wir in einer kapitalistischen, neoliberalen Gesellschaft leben, in der sich alles um Konsum und materiellen Reichtum dreht, hat man auch kein schlechtes Gewissen, wenn man die Erkenntnisse der Hirnforschung und der Psychologie in dieser Weise zweckentfremdet und missbraucht.

Dasselbe geschieht im zwischenmenschlichen Bereich. Die Männer, welche die Manipulation und den absichtlichen Betrug von Frauen zur Kunst erklärt haben, fühlen sich angesichts dessen, was ich gerade über die neuesten Entwicklungen in der Ökonomie gesagt habe, nicht im mindesten schuldig, wenn sie Frauen verführen.

Ich rede von den sogenannten Pick-up-Artists (kurz: PUAs).

Diese selbsternannten Flirtexperten haben es sich auf die Fahnen geschrieben, möglichst viele Frauen „flachzulegen". Dabei geht es ihnen einzig und allein um ihr persönliches Vergnügen.

Wie die Unternehmer und Marketingprofs nutzen auch die PUAs die Erkenntnisse der Hirnforschung und der Psychologie zur Manipulation und Täuschung ihrer „Opfer". Sie baggern Frauen nicht einfach an, sie folgen einem ausgeklügelten, vielfach bewährten Plan. Es gibt Dutzende von Büchern, die detailliert beschreiben, wie Mann jede Frau ins Bett bekommt. Glaubt man den Propheten der PUA-Szene, verwandeln diese Flirttechniken selbst beziehungsunfähige Junggesellen in unwiderstehliche Traummänner.

Man ist geneigt, dass zu bezweifeln, aber leider ist es eine Tatsache, dass sehr viele Frauen Tag für Tag auf PUAs hereinfallen und sich von ihnen nicht nur an der Nase herumführen, sondern auch nach allen Regeln der PUA-Kunst verführen lassen.

Wie ist das möglich? Stimmt es also doch, dass Frauen leichtgläubig und naiv sind und sich mühelos um den Finger wickeln lassen, sobald man ihnen erzählt, was sie hören wollen?

Leichtgläubig und naiv sind sicher nur die wenigsten Frauen, aber erschreckend viele lassen sich nur allzu leicht manipulieren, wenn ein

Mann es schafft, herauszufnden, was sie hören wollen.

Frauen sehnen sich nach einem Mann, der sie versteht und der weiß, wie es in ihnen aussieht. Das trifft umso mehr zu, je intensiver eine Frau das Bedürfnis nach Geborgenheit und Zuneigung empfndet. Wie ich zuvor schon gesagt habe, hängt die Intensität dieses Bedürfnisses sehr eng mit fehlendem Selbstvertrauen und einem sehr geringen Selbstwertgefühl zusammen. PUAs suchen gezielt nach Frauen, die keinen allzu selbstbewussten Eindruck vermitteln.

Dann sprechen sie die Frau an und sagen ihr, was sie hören will. Sie geben sich selbstbewusst, aufmerksam und charmant, sie präsentieren sich als gute Zuhörer und witzige Gesprächspartner, sie verstehen es, die richtige Prise Bildung und Höflichkeit zur Schau zu stellen, wenn es sein muss. Sobald die Frau angebissen hat, „wissen" sie, mit wem sie es zu tun haben. Der Rest ist nicht mehr schwer. Sie beginnen mit ihren Psychospielchen, lassen die Frau scheinbar links liegen, täuschen sexuelles Desinteresse vor, sind im Gespräch ungewohnt nüchtern und distanziert, teilweise werden sie regelrecht beleidigend oder bringen die Frau in eine für sie demütigende Situation. Alles nur, um den letzten Funken Selbstachtung in der Frau im Keim zu ersticken. Wenn sie dann bereit ist, alles zu tun, nur um die Aufmerksamkeit des Mannes nicht zu verlieren, gehen die PUAs auf's Ganze und holen sich, was sie wollen.

Zurück bleibt ein triumphierender Aufreißer, der sich siegessicher seinem nächsten Opfer zuwendet, und eine Frau, die sich mehr denn je mit Selbstvorwürfen und Selbstanklagen quält.

Der PUA muss sich keine Sorgen machen, niemand wird ernsthaft daran denken, sein Verhalten zu sanktionieren. Wie ich weiter oben aufgezeigt habe, wird in unserer Kultur das vorsätzliche Manipulieren und Täuschen anderer Personen zunehmend gesellschaftsfähig.

Davon profitiert auch ein anderer Typ Mann, der Narzisst.

Die Übergänge zwischen PUA und Narzisst sind fließend. Für einen Laien ist es kaum möglich, den einen vom anderen zu trennen. Und für dich als Frau ist es äußerst schwierig, einzuschätzen, ob du den einen oder den anderen oder keinen von beiden vor dir hast, wenn du von einem Mann angesprochen wirst. Du kannst noch nicht einmal sicher sein, einen Blender vor dir zu haben, wenn du einem Mann gegenüberstehst, der auf den ersten Blick durch ein übersteigertes Selbstwertgefühl auffällt. Heutzutage ist eine möglichst professionelle Selbstinszenierung kein Hinweis mehr auf negative Charaktereigenschaften wie Arroganz oder Egoismus. Die Grenze zwischen Sein und Schein verschwimmt zusehends, und keiner ist darüber besonders empört, weil im Zeitalter der sozialen Medien die Inszenierung im Netz immer wichtiger wird.

Jeder stellt sich so gut dar, wie er kann, und bietet den Leuten, was sie sehen sollen. Man eifert Idealen nach und tut alles, ihnen möglichst nahe zu kommen. Dabei wird getrickst und gemogelt, was das Zeug hält. Wichtig ist, dass man einem allgemein anerkannten Bild entspricht und möglichst viel Zustimmung für die eigenen Bemühungen erntet, diesem Vorbild entsprechen zu wollen.

Damit wird unsere Gesellschaft zum perfekten Nährboden für Narzissten. Narzissten sind begnadete Blender und Heuchler, besessen von ihrer eigenen Großartigkeit, manipulieren und täuschen sie ihre Mitmenschen im festen Glauben daran, dass sie das Recht dazu haben. Ohne Skrupel wird der Narzisst dir ein Theater vorspielen, das du gar nicht als solches wahrnehmen wirst. Zu echt, zu stimmig sind seine Verhaltensweisen, zu angenehm und wohltuend ist seine Ausdrucksweise.

Narzissten sind am Anfang einer Beziehung sehr aufmerksame und geradezu liebevolle Partner. Sie strotzen nur so vor Kreativität, machen einfallsreiche Geschenke und schreiben romantische SMS, die dein Herz höher schlagen lassen. Seine Hartnäckigkeit und sein Engagement im Werben um dich werden dir ebenso gefallen wie seine Großzügigkeit und sein gepflegtes Äußeres.

Alles an ihm wirkt eine Spur besser als bei den Männern, die du bisher kennengelernt hast, er wirkt geradezu perfekt in all seiner Makellosigkeit. Dazu kommt, dass er beruflich erfolgreich und deswegen in seiner Firma beliebt ist. Seine Karriere macht rasche Fortschritte, er ist ehrgeizig, fleißig und zielstrebig.

Eben ganz der Mann, der genau weiß, was er will, und das kommt bei dir, wenn du an einem Mangel an Selbstbewusstsein leidest, sehr gut an. Der Narzisst erscheint dir wie die Erfüllung eines seit Kindertagen gehegten Traums, er ist der Mann, der dir geben kann, was du so sehr vermisst. Nie zuvor hast du einen Mann erlebt, der dir so sehr das Gefühl vermittelt hat, dass er nur noch an dich denkt und daran, wie er dir eine Freude machen kann. Zum ersten Mal in deinem Leben bist du fest überzeugt davon, dass du es mit einem Mann zu tun hast, der es wirklich ernst meint.

In einem gewissen Sinn hast du recht. Er meint es bitterernst, wenn er sagt, dass er alles für dich tun würde.

Allerdings nicht in dem Sinn, wie du es verstehst.

Wenn dir das klar wird, ist es meist schon zu spät. Sobald ihr ein Paar seid, wird er mehr denn je zuvor nur noch das „Beste" für dich wollen. Schritt für Schritt wird er sich den Weg in dein Leben bahnen und beginnen, dir zu sagen, was du tun sollst. Anfangs merkst du gar nicht, dass er dich mit seinen Forderungen zunehmend einengt. Die Art und Weise, wie er sich bei dir bedankt und dich lobt, wenn du tust, worum er dich gebeten hat, gibt dir ein gutes Gefühl. Du bist gerne bereit, ihm einen Gefallen zu tun. Mit jedem Monat, den ihr zusammen seid, wird er fordernder, rechthaberischer, ungeduldiger. Statt Lob und Anerkennung bekommst du immer öfter Kritik zu hören. Er reagiert frustriert und wütend, wenn du nicht alles so erledigst, wie er es von dir erwartet, weil er ein Recht darauf hat, dass du ihm gehorchst. Egal, wie sehr du dich abmühst, es ihm recht zu machen, er wird nie wirklich zufrieden sein. Deine „Unfähigkeit", seinen Erwartungen gerecht zu werden, führt schließlich dazu, dass er deine Anstrengungen nicht mehr zu würdigen weiß.

Spätestens jetzt ist von dem perfekten Gentleman, der mit so viel Hingabe um dich geworben hat, nichts mehr übrig geblieben, zumindest nicht, wenn ihr alleine seid.

Er will die totale Kontrolle über dich und dein Leben, damit immer sichergestellt ist, dass er im Mittelpunkt deiner Aufmerksamkeit steht. Du kannst keine eigenen Entscheidungen mehr treffen, überall will er mitentscheiden. Wenn du dennoch eigenmächtig etwas entscheidest, wird er dir vorwerfen, dass du sein Vertrauen missbrauchst und nicht zu würdigen weißt, wie sehr er sich für dich einsetzt. In seiner Verärgerung wird er anfangen, dir Schuldgefühle einzureden und dich davon zu überzeugen versuchen, dass du einen schlimmen Fehler begangen hast. Er wird dich wissen lassen, dass du auf ihn hören musst, weil er es besser weiß. Er wird dich daran erinnern, was er schon alles für dich hat entscheiden müssen, weil du ohne seine Hilfe verloren gewesen wärst. Solltest du ihm an dieser Stelle ins Wort fallen, weil du es nicht so in

Erinnerung, wird er dir so lange erklären, dass dein Gedächtnis dich trügt, bis du selbst nicht mehr weißt, was du glauben kannst und was nicht. Er wird dir das Wort im Mund herumdrehen oder dir Worte in den Mund legen, die du noch nicht einmal gedacht hast. Anschließend wird er dich so lange unter Druck setzen und verwirren, bis du dir nicht mehr sicher bist, ob du es vielleicht nicht doch gesagt hast.

Dasselbe gilt für deine Gefühle und Gedanken, die er selbstverständlich besser kennt als du selbst. Er wird dir die Schuld an Problemen geben, die du gar nicht hast verursachen oder beeinflussen können. Ständig wird er dein unangemessenes Verhalten kritisieren in Situationen, in denen jeder andere dein Verhalten als völlig korrekt bezeichnen würde. Dazu bedient er sich einer mehr als zweideutigen Sprache, die es ihm jederzeit erlaubt, innerhalb von Minuten das Gesagte ins exakte Gegenteil zu verkehren, sollte es ihm opportun und nützlich erscheinen. So kann er dich mit Worten beleidigen oder demütigen und im nächsten Augenblick alles abstreiten und die Rolle des missverstandenen Opfers spielen. Du bist es dann, die ihm böse Absichten unterstellt, obwohl er „nur dein Wohl im Sinn hat". Und schon wieder fühlst du dich schuldig. Er weiß genau, wie er dich nehmen muss und kennt dich besser als du ahnst.

Seit dem Tag, an dem ihr euch zum ersten Mal begegnet seid, „weiß" er, dass du dich nach jemandem sehnst, der deinem Leben eine Richtung gibt. Der Narzisst hat ein sehr feines Gespür für Frauen, denen in ihrer Kindheit Liebe und Zuneigung versagt worden sind, und die nun als Erwachsene einen Partner suchen, der ihnen gibt, was die Eltern ihnen verweigert haben.

Solltest du zu diesen Frauen gehören, dann ist es sehr wahrscheinlich, dass du ohne darüber nachzudenken bereit bist, dich deinem Partner unterzuordnen. Du wirst seinem Willen gehorchen, auch dann noch, wenn er damit begonnen hat, dich zu beleidigen und zu demütigen. Du hast nie gelernt, an dich zu glauben.

Schon als Kind und Jugendliche hast du deine eigenen Wünsche zurückstellen müssen hinter die Wünsche deiner Eltern. Du bist es gewohnt, deine Bedürfnisse zu ignorieren und deine ganze Energie darauf zu konzentrieren, es anderen recht zu machen.

Egal, was auch geschehen ist, du hast die Schuld immer bei dir gesucht, und so ist es jetzt wieder.

Dass dein narzisstischer Partner mit dir unzufrieden ist, ist deine Schuld, weil du dir nicht genug Mühe gibst, seinen Wünschen zu entsprechen. Du redest dir ein, dass alles besser wird und er sich wieder in den aufmerksamen, liebevollen Gentleman zurückverwandelt, der er war, als ihr euch begegnet seid, wenn du nur nicht immer alles falsch machen würdest.

Du glaubst fest daran, dass sich der hässliche Frosch wieder in den Märchenprinzen verwandeln wird, wenn du es schaffst, alle seine Forderungen zu erfüllen und alle seine Regeln zu beherzigen.

Du konzentrierst dich ganz auf ihn und seine Bedürfnisse, du begluckst ihn wie die Henne das Küken. Und machst damit alles nur noch schlimmer. Denn dein narzisstischer Partner will vergöttert und in den Himmel gehoben werden, damit er weit genug von dir entfernt ist, um sich einreden zu können, dass er dich eigentlich gar nicht braucht. Sein Selbstverständnis lässt nicht zu, dass er von jemandem abhängig ist.

Erst recht nicht von einem so minderwertigen und unvollkommenen Geschöpf wie dir.

Er wird dir das auf drastische Weise zu verstehen geben, indem er dich noch mehr beleidigt, kritisiert und demütigt, als er es ohnehin schon getan hat. Was nun folgt, ist ein ständiges Vor und Zurück, ein Gehen und Kommen, bei dem er in einer bestimmten Situation deine Fürsorge will, nur um dich im nächsten Moment schon wieder zum Teufel wünschen. Irgendwann wird er die Beziehung beenden, weil er es „mit dir nicht mehr aushalten kann". Er wird dir erklären, dass du nicht normal bist, total beziehungsgestört, durch und durch bindungsunfähig. An deiner Seite hält es kein Mann aus, da wird jeder irgendwann verrückt. Vor Frauen wie dir kann man die anderen Männer nur warnen.

Solche und andere Ungeheuerlichkeiten wird er dir an den Kopf werfen. Da kannst du sagen, was du willst, er wird dir nur noch mehr Gemeinheiten ins Gesicht schreien. Und dann ist er weg.
Zurück bleibst du, noch verzweifelter als zuvor, gemartert von Schuldgefühlen, mit der quälenden Frage im Kopf, ob du es nicht doch hättest besser machen können.

* * *

DAS NÄCHSTE MAL
WIRD ALLES BESSER

Wenn eine Beziehung scheitert und dein Partner dich verlässt, dauert es lange, bis du darüber hinwegkommst, egal, wie schlimm das Zusammenleben in den letzten Wochen und Monaten auch gewesen sein mag. War dein Partner ein Narzisst oder ein Mann mit starken narzisstischen Wesenszügen, wird deine Enttäuschung wahrscheinlich noch intensiver sein. Das klingt erst einmal merkwürdig, entspricht aber dennoch der Wahrheit.

Wenn du einem Narzissten auf den Leim gehst und so lange mit ihm zusammen bleibst, bis er dich sitzen lässt, dann kann es sehr gut sein, dass du an einem empfndlichen Mangel an Selbstwertgefühl leidest. Trifft das zu, bist du das ideale Opfer für einen Pick-up-Artist oder einen Narzissten. Dein fehlendes Selbstwertgefühl und dein Mangel an Selbstvertrauen treiben dich unbewusst dazu, nach Männern Ausschau zu halten, die ein Übermaß an dem besitzen, was dir so schmerzlich fehlt. Sie sind anscheinend so, wie du gerne sein würdest, deswegen redest du dir ein, dass eine Beziehung mit einem solchen Mann alle deine Probleme löst. Er ist sozusagen deine fehlende Hälfte, gemeinsam seid ihr wie zwei Seiten ein und derselben Medaille, das ideale Paar.

Zumindest willst du das glauben.

In Wahrheit seid ihr zwei einsame Seelen, die voller Panik durch das Leben stolpern wie Blinde durch eine schweflige Vulkanlandschaft voller todbringender Gase. Ihr sucht den sicheren Unterschlupf, die Zuflucht, die euer Leben rettet und euch die Möglichkeit gibt, noch einmal ganz von vorne anzufangen.

Ganz von vorne anfangen, die Uhren auf Null stellen, alte Fehler einfach auslöschen, als hätte es sie nie gegeben, und unbelastet von Schuldgefühlen und Ängsten in die Zukunft blicken.

Wer hat sich das nicht schon einmal gewünscht? Leider kann man die Zeit weder anhalten noch zurückdrehen. Sie schreitet unaufhaltsam voran und trägt uns mit sich wie ein gewaltiger Fluss, dessen Strömung man sich nicht entziehen kann.

Deswegen sollte man es erst gar nicht versuchen.

Ich will damit sagen, es nützt nichts, die Fehler der Vergangenheit korrigieren zu wollen. Vielmehr sollte man aus ihnen lernen.

Wenn du nun schon zwei Mal oder noch öfter an den Falschen geraten bist, obwohl du es jedes Mal mit einer anderen Taktik versucht hast, dann solltest du einen Moment inne halten und überlegen, was genau du denn getan hast, um die Fehler zu vermeiden, die du zuvor gemacht hast. Vielleicht hast du beim ersten Mal deinen Partner gewählt, indem du auf dein „Bauchgefühl", deine weibliche Intuition gehört hast.

Das ist schiefgegangen.

Also hast du dich beim zweiten Mal nur auf deinen „gesunden Menschenverstand" verlassen und dein „Bauchgefühl" zu ignorieren versucht. Und bist erneut gescheitert. Wieder hat sich der Traumprinz in eine Kröte verwandelt.
Jetzt bist du mit deinem Latein am Ende.

Du stehst da, siehst dir womöglich die Nachbarin an und verstehst einfach nicht, warum diese Frau scheinbar mühelos den Richtigen gefunden hat und nun seit weiß Gott wie vielen Jahren mit ihm zusammen lebt.
Du würdest sie gerne fragen, wie sie das gemacht hat, aber du traust dich nicht.

Dir fehlt das Selbstvertrauen.
Du gerätst nicht an den Falschen, du bekommst den Mann, den du suchst. Jetzt verstehst du vielleicht, warum ich so viel über Hormone, die Funktionsweise des Gehirns und deine frühe Kindheit und die Pubertät gesprochen habe. All das prägt dein Verhalten und Denken, es sitzt tief in dir und nimmt aus den Tiefen deines Unterbewusstseins heraus Einfluss auf dein Leben. Vieles von dem, was du glaubst, bewusst entschieden zu haben Kraft deiner Vernunft, ist in Wahrheit eine Reaktion auf die Signale aus deinem Unterbewusstsein.

Du vergisst im Laufe der Jahre die meisten Erfahrungen, die du gemacht hast. Die Ängste und Sorgen aus deiner Kinder- und Jugendzeit verschwinden aus deiner Wahrnehmung und machen Platz für die aktuellen Probleme. Aber sie nicht verschwunden. Dein Gehirn hat sie alle abgespeichert, es vergisst nichts. Du erinnerst dich nicht bewusst daran, aber das Wissen, um das, was war, ist in dir.

Und wenn deine Erinnerungen und Erfahrungen überwiegend negativer Art sind, wird der Leidensdruck aus deinem Unterbewusstsein irgendwann so groß, dass du es nicht mehr aushalten kannst.
Eine Lösung muss her.

Wenn du an einem Mangel an Selbstwertgefühl leidest, suchst du im wahrsten Sinne des Wortes instinktiv nach einem Mann, der ein Übermaß davon besitzt. Siehst du nun Verhaltensweisen bei einem Mann, die auf ein großes Selbstvertrauen schließen lassen, fühlst du dich sofort zu ihm hingezogen. Dein Körper setzt all die biochemischen Prozesse in Gang, die dir signalisieren sollen, dass du verliebt bist.Nur dass du nicht nach der Großen Liebe suchst, sondern nach dem Ende deines Leidensweges. Dafür bist du bereit, alles zu tun. Wenn es sein muss, verschließt du auch die Augen vor der Wahrheit. Du ignorierst die Warnsignale aus deinem Inneren.

Dein Gedächtnis erkennt rasch, dass der vermeintliche Retter wieder nur ein Heuchler ist. Der Hormoncocktail in deinem Körper verändert seine Zusammensetzung.
Die Botschaft lautet: Stop! Doch dein Bewusstsein kann die Signale aus deinem Unterbewusstsein nicht einwandfrei entschlüsseln. Stresssignale sind für dich seit deiner Geburt ein Dauerzustand. Du weißt nie, weswegen sie gerade jetzt intensiver werden und irgendwann wieder auf ein „Normalmaß" abklingen. Dein ganzes Leben ist ein einziges Problem. Also denkst du darüber nach und sagst dir, dass nicht der Mann, an den du gerade denkst, der Grund für deine Nervosität ist.

Irgendwann wird dir klar, dass du die falsche Entscheidung getroffen hast. Jetzt liegt es an dir, du kannst das Ruder herumreißen oder du kannst den Kurs beibehalten, und mit Volldampf auf den nächsten Untergang zusteuern. Du ganz allein hast es in der Hand, deinem Leben eine andere Richtung zu geben und dich zu befreien aus diesem Teufelskreis. Du musst dir endlich eingestehen, dass dein Mangel an Selbstwertgefühl und Selbstvertrauen dich immer wieder zum willigen Opfer der „falschen" Männer macht.

Die Wut darüber, dass du „so dumm" warst, auf Männer hereinzufallen, die es nie ernst gemeint haben, die dich nie wirklich geliebt, sondern nur ausgenutzt, belogen und betrogen haben, hilft dir nicht weiter. All deine Enttäuschung, so berechtigt sie auch ist, wird nicht verhindern, dass du auch in Zukunft auf Blender und Heuchler hereinfällst. Sich zu schämen und sich schuldig zu fühlen nach so einer Beziehung ist verständlich, aber man darf sich davon nicht noch mehr frustrieren lassen.

Sieh die Erkenntnis, dass du mehrfach den Falschen erwischt hast, als Chance.

Mach dir klar, dass du nicht nach der Großen Liebe gesucht hast, sondern nach einem Mann, der etwas an sich hat, was du gerne möchtest, aber nicht hast, nämlich Selbstvertrauen.

Du wirst nie selbstbewusster werden, nur weil du dich einem Mann unterordnest, der scheinbar vor Selbstvertrauen strotzt. Sich für ihn aufzuopfern ist weder ein Zeichen von Liebe noch von Stärke. Es ist die Folge zwanghafter Abhängigkeit. Du kettest dich an ihn, weil du Hilfe von ihm erwartest. Er soll dein krankes Selbst heilen und dir die Liebe geben, die du so sehr vermisst. Mit anderen Worten: er soll dir beweisen, dass du liebenswert bist.

Wie gesagt, das ist unmöglich.

Solange du vor deinem Selbst davonläufst und dich für das schämst, was du bist, wird sich nichts ändern.

Schau nach innen, suche und fnde dein Selbst, tauche ganz tief hinab, bis du gelernt hast, dich selbst zu verstehen und zu akzeptieren.

Wenn du das geschafft hast, wirst du begreifen, wie falsch es war, zu glauben, ein Mann könnte dein fehlendes Selbstwertgefühl „herbeizaubern". Dieses Bewusstsein wächst in dir, sobald du dein Selbst gefunden und gelernt hast, es anzunehmen.

Nur wer sich selbst für liebenswert hält, wird auch von anderen geliebt.

Wahre Liebe beginnt immer in dir, in deinem Selbst, oder, wenn du so möchtest, in deinem Herzen.

Vergiss niemals, dass dein Herz nicht nur für jemand anderen schlagen kann.

* * *

ALLER ANFANG
IST SCHWER

Selbst-Findung ist keine Entwicklungsphase, die nur einmal im Leben, während der Pubertät, stattfndet und dann für immer abgeschlossen ist. Im Grunde ist es ein Prozess, der ein Leben lang andauert und nie wirklich zu Ende geht.

Natürlich stimmt es, dass du im Laufe der Pubertät zum ersten Mal anfängst, dir selbst grundlegende Fragen zu stellen. Du suchst nach deiner individuellen, unverwechselbaren Identität, deinem Selbst, nach dem, was dich zu einer einzigartigen Person macht, die sich von allen anderen unterscheidet.

Wenn du Glück hast und in einem Umfeld groß wirst, das dich und deinen Drang nach Eigenständigkeit unterstützt, gelingt es dir schon als Jugendlicher, deinem Selbst auf die Spur zu kommen.

Wenn du Pech hast und von Eltern erzogen wirst, die dich nicht unterstützen, sondern dir jedes Selbstwertgefühl nehmen, ist die Pubertät der Beginn einer immer rascher voranschreitenden Selbst-Entfremdung.

Was du in dir fühlst, ist nicht das, was du sein darfst. Dein Selbst wird zu einem Fremdkörper, der sich immer tiefer in dein Unterbewusstsein zurückzieht und sich versteckt vor der Person, die du glaubst, sein zu müssen, weil andere dich so haben wollen.

Du hast keinerlei Selbst-Vertrauen oder Selbst-Achtung, sondern suchst nach Personen, die von außen, ohne dein Zutun, deinen Selbst-Wert erhöhen. Wie etwa der an krankhafter Selbst-Überschätzung leidende Partner, in den du dich „auf den ersten Blick" verliebst, weil es der „Mann deiner Träume" ist. Oder sollte man sagen: deiner Alpträume?

Dein Unterbewusstsein hat nicht vergessen, dass du dein Selbst verleugnet und verteufelt hast. Es erinnert dich daran, indem es dir bizarre Träume bei Nacht und unerklärliche Angstzustände am Tage schickt.

Du suchst überall nach den Ursachen dafür, aber du kommst nicht darauf, dass es dein Selbst ist, das um Hilfe ruft. Es erscheint dir fast unmöglich, die Wahrheit zu erkennen. Aber lass dich nicht entmutigen.

Gönne dir einen Moment Ruhe, und stelle dir einmal folgende Fragen:
-Wie konnte es so weit kommen?
-Was habe ich aus dem Scheitern der letzten Beziehung gelernt?
Gut möglich, dass dir jetzt spontan Antworten in den Sinn kommen wie etwa:
-Ich habe nicht genug um seine Liebe gekämpft.
-Ich muss darauf achten, dass ich nicht so viel falsch mache.
-Ich hätte mehr Rücksicht auf seine Gefühle nehmen sollen.
-Ich muss lernen, aufmerksamer zu sein, damit ich erkennen kann, wenn es ihm schlecht geht oder wenn er unzufrieden ist.
-Ich darf nicht egoistisch sein und so viel an mich denken.
Fällt dir etwas auf?

Du bist vollkommen auf ihn fxiert und fast schon besessen von der Vorstellung, es ihm recht machen zu wollen. Ob eure Beziehung funktioniert, hängt deiner Meinung nach ganz und gar davon ab, ob du es schaffst, dich vollständig für ihn aufzugeben. Verstehst du jetzt, warum man in so einem Fall von Selbst-Verleugnung spricht?

Es ist gerade so, als ob du gar nicht existieren würdest. Du löschst dich selber aus, weil du glaubst, mit ihm eins werden zu müssen, damit die Beziehung funktionieren kann. Was für ein Irrtum!

Zu einer Partnerschaft gehören immer zwei, und damit meine ich zwei Menschen mit intaktem Selbstwertgefühl.

Dass dir genau das mangelt kannst du selbst feststellen. Denke an deine Beziehung zurück und beantworte dir folgende Frage:

-Warum hast du deinen Partner nicht verlassen, als du gemerkt hast, dass er dich nur ausnutzt und manipuliert?

Kann es sein, dass deine Antworten etwa so ausfallen:

-Ich habe meinen Gefühlen nicht vertraut. Es hätte ja sein können, ich irre mich, dann hätte ich einen unverzeihlichen Fehler begangen.

-Ich habe mir die Schuld daran gegeben, dass er sich so sehr verändert hat, immerhin war er zu Beginn ein völlig anderer Mann.

-Ich habe ihm geglaubt, wenn er sagte, wir würden uns nur streiten, weil ich sein Vertrauen missbrauche.

-Ich dachte, es ist nur eine vorübergehende Phase, ein Tief, das bald vorüber sein wird.

-Ich war bereit, an meiner Beziehung zu ihm zu arbeiten.

-Ich habe mir nicht eingestehen wollen, dass er beziehungsunfähig ist und mir gesagt, dass ich seine Launen ertragen muss, schließlich hat jeder von uns seine „Macken".

Du bist nicht verliebt gewesen, du warst total verunsichert.

Und das warst du schon als du ihn kennengelernt hast. Wenn du jetzt zurückdenkst an die Zeit, als ihr euch kennengelernt habt, wie hast du dich damals gefühlt? Ich meine nicht den Moment, als ihr euch begegnet seid, ich meine generell.

-Wie verlief dein Leben zu der Zeit?

-Warst du noch immer frustriert, weil die vorherige Beziehung in die Brüche gegangen ist (auch wenn das schon lange her war)?

-Welche Sehnsüchte, Wünsche und Hoffnungen haben dich damals bewegt?

-Was hast du in deinem Leben am meisten vermisst, bevor du ihn kennengelernt hast?

Horche in dich hinein, beantworte die Fragen ehrlich, auch dann, wenn die Erinnerung schmerzlich ist und die Antwort dir nicht über die Lippen kommen will.

Nimm dir so viel Zeit wie du brauchst. Ich kann mir vorstellen, dass es weh tut, aber es muss sein.

Sag dir immer wieder, dass es nicht deine Schuld ist. Rufe dir ins Bewusstsein, dass du es mit einem beziehungsunfähigen Mann zu tun hattest, der dir nur deswegen die Schuld an allem gibt, weil er nie in der Lage sein wird, zuzugeben, dass er keine Liebe und Zuneigung geben kann. Auch zu Beginn eurer Beziehung, in der Phase des Kennenlernens, als er dir wie ein perfekter Gentleman erschienen ist, hat er Liebe und Empathie nur gespielt und geheuchelt.

Diese Männer können keine Liebe oder Empathie empfnden, sie sind viel zu sehr mit sich selbst und ihren Ängsten beschäftigt. Ja, ihren Ängsten! Sie verstecken sie hinter einem ganzen Gebirge aus vermeintlichem Selbstvertrauen. Aber das Gebirge ist nicht aus Stein, sondern aus

Pappmaché, und sie wissen es. Und je mehr sie es wissen, desto selbstbewusster treten sie auf. Und dieses Selbstbewusstsein hat dir imponiert, weil du nicht wusstest, dass es nur eine Attrappe war.
Jetzt weißt du es.

Dir einzugestehen, dass deine Wahrnehmung und dein Gefühl dich bei der Partnerwahl getäuscht haben, ist eine Sache; zuzugeben, dass die von dir bevorzugten Männer von Angst und Zweifeln zerfressene Schauspieler sind, die händeringend nach unterwürfen Frauen suchen, damit sie endlich ihre Minderwertigkeitsgefühle loswerden können,
ist etwas völlig anderes.

Aber gerade das muss dir klar sein, wenn du dich auf die Reise zu deinem Selbst machst.

Du hast jetzt schon eine ganze Menge über die möglichen Ursachen deiner „Pechsträhne" bei Männern gehört.

Du hast auch einiges gelesen über die vermeintlichen Traumprinzen und darüber, warum sie auch ohne dein Zutun immer wieder zu dir fnden.

Du hast den einen oder anderen Blick tun können in deinen Körper, und hast gelesen, wie dein Gehirn an der Entstehung von Gefühlen mitwirkt.

Vielleicht fühlst du dich ein wenig schlauer als vorher, ein wenig besser informiert als zuvor.

Aber wahrscheinlich hast du noch immer nicht das Gefühl, dass du deinem Selbst wirklich näher gekommen bist.

Sei geduldig, Selbst-Findung braucht Zeit!

Ich möchte dich nur auf die Wege aufmerksam machen, die du beschreiten kannst. Welchen du wählen wirst und ob du dich wirklich auf den Weg machst, kann ich dir nicht sagen. Woher sollte ich auch wissen,

welcher Weg für dich der richtige ist? Das musst du entscheiden.
Wenn ich sage, ich möchte dich auf Wege aufmerksam machen, die du
beschreiten kannst, dann meine ich damit, dass ich dir jetzt einige Tipps
geben möchte für die Reise zu deinem Selbst.

Du hast inzwischen begriffen, dass ein Mangel an Selbstvertrauen und
Selbstwertgefühl schuld daran ist, dass du immer auf die falschen
Männer hereinfällst.

Die Ursachen für diesen Mangel liegen weit zurück in deiner Kindheit und
Jugend. Deine Eltern oder (zumindest ein Elternteil) haben dir nicht die
Möglichkeit gegeben, dein Selbst kennenzulernen. Stattdessen haben sie
dir ihren Willen aufgezwungen und dir die Gewissheit eingeimpft, dass du
alleine zu nichts fähig bist.

Inzwischen glaubst du so fest daran, dass dir die bloße Vorstellung, auf
eigenen Beinen stehen zu müssen, Angst macht.

Natürlich triffst du eigene Entscheidungen, lebst in einer eigenen
Wohnung, managst deinen Alltag wie jeder andere auch, aber du bist
immer bemüht, dich nicht allzu sehr von der Masse abzuheben. Du fühlst
dich sicher, wenn du machst, was alle machen, wenn du dich an dem
orientierst, womit andere Erfolg haben. Du imitierst ein selbständiges
Leben. Wahre Selbständigkeit sieht anders aus.

Vorhin habe ich dich gebeten, dir einige Fragen zu stellen. Ich habe dich
aufgefordert, darüber nachzudenken, welche Sehnsüchte, Wünsche und
Hoffnungen dich bewegen. Was vermisst du? Was brauchst du?

Und jetzt löse dich von deinem alten Denkschema, fang nicht schon
wieder an, deine Sehnsucht nach dem Mann für's Leben an
Nummer eins zu setzen.

Der Mann deiner Träume war lange genug ein Vorwand für deine

Untätigkeit und dein Zögern. Frage dich, warum dir der Traummann wichtiger ist als alles andere.

-Was erwartest du von ihm?

-Wie wird sich dein Leben durch die Beziehung zu ihm verändern?

-Warum glaubst du, dass dein Leben besser sein wird, wenn du ihn an deiner Seite hast?

-Welche Probleme werden verschwinden, sobald ihr ein Paar seid?

-Aus welchen Gründen bist du fest davon überzeugt, dass es dir leichter fallen wird, dein Leben zu meistern, wenn du nicht mehr Single bist?

Vor allem aber frage dich:

-Was kann er dir geben, was du dir nicht selbst geben kannst?

Als Antwort auf die letzte Frage kommt dir womöglich spontan in den Sinn:

-Liebe, Geborgenheit, Zuwendung, Wärme.

Wieso bist du dir so sicher, dass du dir das nicht auch selbst geben kannst?

Was hindert dich daran, dich selbst zu lieben?

Geborgenheit ist nur ein anderes Wort für Sicherheit. Wieso fühlst du dich unsicher, wenn du Single bist?

Zuwendung ist gleichbedeutend mit Aufmerksamkeit. Warum brauchst du einen anderen Menschen, der dir und deinen Bedürfnissen Aufmerksamkeit schenkt?

Wärme steht für Akzeptiert-Werden, Sich-Angenommen-Fühlen. Fällt es dir schwer, dich zu mögen, so wie du bist?

Diese und andere Fragen werden dir helfen, dich deinem Selbst anzunähern.

Das allmähliche Näherkommen, das langsame Vorwärtsbewegen ist ein fester Bestandteil der Selbst-Findung. Wie gesagt, so ein Prozess braucht Zeit. Denk immer daran, dass auch derjenige, der sich langsam dem

Ziel nähert, dieses am Ende erreichen wird. Dein Selbst läuft dir nicht davon, und es kann auch keiner vor dir dort sein. Veranstalte also bitte kein Wettrennen. Es wäre sinnlos. Mit wem solltest du auch um die Wette laufen?

Mit deinen Eltern vielleicht?

Vergiss es!

Es nützt nichts, deine Eltern zur Rede zu stellen und ihnen Vorwürfe zu machen. Desinteressierte oder dominante Eltern werden niemals ihre Fehler eingestehen, nicht einmal nach 10 oder 20 Jahren. Sie werden dir keine Hilfe sein, wenn du sie darauf ansprichst, dass du nun dein Leben von Grund auf umkrempeln und in die eigenen Hände nehmen willst. Im schlimmsten Fall werden sie dich auslachen.

Selbstfindung? So ein Quatsch!

Am besten verkneifst du dir jede Anschuldigung und jeden Vorwurf. Es ist passiert und kann nicht mehr rückgängig gemacht werden. Wichtig ist nur, dass du erkennst, dass die Ursache für deine Selbst-Entfremdung im Verhalten deiner Eltern liegt. Sie haben dir Unrecht getan. Darüber musst du dir endlich klar werden. Sie haben aus purem Eigennutz gehandelt und nicht aus Sorge um dein Wohlergehen, auch wenn sie das vielleicht behaupten.

Jetzt bist du am Zug.

Der Streit mit deinen Eltern hilft dir nicht, die Erkenntnis ihrer Schuld aber schon, denn sie ist die Voraussetzung dafür, dass du an deine Stärke glaubst. Als deine Eltern dir beigebracht haben, dass du es ohne fremde Hilfe zu nichts bringen wirst, haben sie gelogen. Ihre eigenen Minderwertigkeitsgefühle haben sie dazu gezwungen, jeden Anflug von Selbstvertrauen in dir im Keim zu ersticken. Sie konnten zu keinem Zeitpunkt den Gedanken ertragen, dass du ihnen irgendwann überlegen sein könntest. Das können sie auch jetzt noch nicht. Also verzichte auf Diskussionen mit ihnen und konzentriere dich auf deine SelbstVerwirklichung.

Diese wird in kleinen Schritten vor sich gehen. Du wirst einen Teil deiner alten Persönlichkeit gegen eine neue austauschen müssen. Das bedeutet, dass du Dutzende von Gewohnheiten und Routinen in deinem Alltag durch neue ersetzen musst.

Es sind die Gewohnheiten und Routinen, die dich in deinem alten Denkschema festhalten.

Erinnerst du dich daran, dass 95% unserer Denkprozesse unbewusst ablaufen?

Gewohnheiten haben zwar keinen so großen Stellenwert wie unbewusste Denkprozesse, machen aber immerhin 40-50% unseres alltäglichen Handelns aus. Das bedeutet, dass du nahezu jede zweite Handlung nicht bewusst, sondern gewohnheitsmäßig ausführst. Genau da musst du beginnen, bei deinen Gewohnheiten, diesen Verhaltensweisen, die dir so sehr in Fleisch und Blut übergegangen sind, dass du gar nicht mehr darüber nachdenken musst, sondern sie einfach nur noch ausführst. Und genau darum ist es so schwierig, Gewohnheiten zu ändern. Sie sind dem bewussten Willen kaum zugänglich. Verborgen in einem kleinen Bereich deines Gehirns, in den sogenannten Basalganglien, entzieht sich das gewohnheitsmäßige Handeln beinahe jeder rationalen54 Kontrolle. Gewohnheiten laufen wie Instinkte ab, ohne dass wir extra darüber nachdenken müssen. Ein sogenannter Auslöserreiz setzt das gewohnheitsmäßige Verhalten in Gang.

Dieser Auslöserreiz kann alles Mögliche sein. Er allein reicht aber nicht aus, damit ein bestimmtes Verhalten als Gewohnheit in den Basalganglien gespeichert wird. Erst die mit dem gewohnheitsmäßigen Verhalten verbundene Belohnung führt dazu, dass dein Gehirn den Speicherprozess in Gang setzt.

Schon im Zusammenhang mit den biochemischen Grundlagen der Liebe haben wir davon gesprochen, dass dein Gehirn Hormone ausschütten kann, die bei dir ein Gefühl von Zufriedenheit und Glück auslösen. Dein Gehirn belohnt dich für gewisse Gedanken und Handlungen. So ist es auch bei den Gewohnheiten. Sogar bei den „schlechten".

Jeder weiß, dass zu viele Süßigkeiten oder ein Übermaß an Alkohol schädlich sind, trotzdem trinken und naschen wir in bestimmten Situationen „gewohnheitsmäßig".

Jeder weiß, dass es besser wäre, sich zu bewegen, egal, ob bei einem Spaziergang oder im Fitnessstudio, als sich in den abenteuerlichsten Verrenkungen vor der Glotze auf dem Sofa zu räkeln.

Wir wissen es, und machen es trotzdem.

Warum?

Weil unser Gehirn uns dafür belohnt. Wir fühlen uns „gut", wenn wir tun, was uns schadet. Da blendet man die störende Vernunft einfach aus und geht zum gemütlichen Teil des Lebens über.

Je öfter wir ein gewohnheitsmäßiges Verhalten wiederholen, desto besser und schneller funktionieren die neuronalen Verknüpfungen im Gehirn, die dafür zuständig sind. Soll heißen: je lieber uns eine Gewohnheit ist, desto weniger können wir sie bewusst kontrollieren.

Trifft der Auslöserreiz auf deine Sinnesorgane, schicken diese die entsprechenden elektrischen Signale über die Nervenbahnen (die neuronalen Verbindungen) an die Basalganglien. Das dort gespeicherte gewohnheitsmäßige Verhalten wird ausgeführt. Das wiederum löst den oben erwähnten Belohnungsautomatismus aus. An unserem Verstand vorbei werden wir belohnt für etwas, das uns schadet.

Ein weiterer wichtiger Punkt ist, dass eine einmal gespeicherte Gewohnheit nicht gelöscht werden kann. Die neuronalen Verbindungen lassen sich nicht abbauen.

Jede „schlechte" Gewohnheit muss durch eine „gute" Gewohnheit ersetzt werden, wenn du dich und dein Leben ändern möchtest. Und damit das auch gelingt, musst du einige Punkte beachten. Jede Gewohnheit läuft in einer dreistufgen Schleife ab.

Zuerst kommt der Auslöserreiz, der dem Gehirn sagt, welche Gewohnheit aktiviert werden soll. Ein solcher Reiz kann alles Mögliche sein, z.B. eine bestimmte Person, eine gewisse Uhrzeit, ein Gefühl, ein Ort, ein Geräusch, eine eben ausgeführte Handlung, ein Gegenstand.

Hat das Gehirn die zum Auslöserreiz passende Gewohnheit gefunden, wird die Routine, das gewohnheitsmäßige Verhalten, in Gang gesetzt. Das wiederum startet den Belohnungsautomatismus, welcher dafür sorgt, dass wir uns selbst dann gut fühlen, wenn wir etwas tun, was uns schadet. Wollen wir nun eine schlechte Angewohnheit durch eine gute ersetzen, müssen wir zuallererst den Auslöserreiz bzw. die Auslöserreize (es können auch mehrere sein) identifzieren. Das ist nicht einfach. Bei der Suche nach den Auslöserreizen hilft es, wenn du dir folgende Fragen stellst:

-Was passiert jedes Mal kurz bevor du die Gewohnheit ausführst?

-Welche Gedanken gehen dir durch den Kopf, wenn du

gewohnheitsmäßig handelst?

-Welche Situationen lösen das gewohnheitsmäßige Verhalten aus? Wahrscheinlich stehst du da „wie der Ochse vor dem Berg", wenn du zum ersten Mal versuchst, einen Auslöserreiz zu identifzieren. Das ist ganz normal, schließlich läuft ja alles gewohnheitsmäßig ab und nicht bewusst. Du wirst dich schon einige Male selbst ganz genau beobachten müssen in den Situationen, wenn du gewohnheitsmäßiges Verhalten an den Tag legst, um etwas fnden zu können.

Hast du den Auslöserreiz wahrgenommen, mache ihn sichtbar für dein Bewusstsein. Du kannst zum Beispiel jedes Mal, wenn du den Auslöserreiz wahrnimmst, eine Notiz auf einem Zettel machen. So verbindest du den unbewussten Auslöserreiz mit einer bewussten Handlung und machst ihn für deinen Verstand sichtbar.

Wenn du eine Woche lang Notizen machst, werden dir die Momente, in denen eine spezielle Gewohnheit aktiviert wird, immer bewusster. Als nächstes musst du das Bedürfnis erkennen, dass du mit dieser Gewohnheit befriedigen willst. Beobachte dich ganz genau und stelle dir dabei folgende Fragen:

-Was würde ich vermissen, wenn ich mich nicht so verhalte?

-Was nützt mir dieses Verhalten?

Hast du das Bedürfnis entdeckt, stehst du vor der größten Herausforderung. Du musst die alte Routine durch ein neues Handlungsmuster ersetzen. Diese Handlung muss dasselbe Bedürfnis befriedigen wie die alte Routine.

Jetzt kannst du anfangen, eine neue Gewohnheit an die Stelle der alten zu setzen.

Selbstverständlich ist der erste Schritt immer das Finden der schlechten Gewohnheit. Dann führst du die einzelnen eben beschriebenen Schritte aus bis du eine neue Gewohnheit an die Stelle der alten gesetzt hast. Jetzt führst du das neue gewohnheitsmäßige Verhalten aus, jedes Mal, wenn du das damit verbundene Bedürfnis befriedigen willst.

Sei dir darüber im Klaren, dass du sehr viel Geduld und Willenskraft benötigen wirst, um einige Dutzend alte Gewohnheiten zu ändern. Leider weißt du inzwischen, dass Willensstärke nicht gerade zu deinen besonders ausgeprägten Charaktereigenschaften gehört. Ganz im Gegenteil, du leidest an einem Mangel an Selbstvertrauen. Also wie soll das gehen, wenn du es ohne eine gehörige Portion Willenskraft gar nicht schaffen kannst?

Du musst die Notwendigkeit erkennen und dir vor Augen halten, dass es keine Alternative gibt. Ohne neue Gewohnheiten keine neue Persönlichkeit, und das heißt: kein Zugang zum eigenen Selbst, Fortdauer des Zustands, unter dem du leidest.

Außerdem wirst du merken, wie mit jedem Erfolg, den du verbuchen kannst, deine Willenskraft zunimmt. Wenn du verstehst, warum du Dinge tust, die dir schaden, ist es leichter, die jeweiligen Verhaltensweisen zu ändern. Die Gewissheit, dass es dir hinterher nicht schlechter gehen wird, gibt dir Kraft. Die neue Gewohnheit wird dir geben, wonach du verlangst, und sie wird dir guttun.

Soviel zu der Art und Weise, wie du deine Gewohnheiten ändern und damit zur Verwirklichung deines Selbst beitragen kannst.

Nun noch einige Worte zu den Gewohnheiten, die du durch neue ersetzen solltest, wenn du in Zukunft nicht mehr an den Falschen geraten willst.

Es sind gewohnheitsmäßige Verhaltensweisen, durch die sich dein fehlendes Selbstwertgefühl zu erkennen gibt. „Schlechte" Gewohnheiten dieser Kategorie können z.b. mit folgenden Charaktermerkmalen verbunden sein:

-Du bist auffallend unauffällig, und verzichtest gerne auf die Befriedigung deiner Wünsche und Bedürfnisse, egal, ob es um den Partner, deine Freunde oder Kollegen geht.

-Nie käme es dir in den Sinn, denen die Zähne zu zeigen, die dir das Leben schwer machen. Du weichst ihnen aus und hoffst, dass sie dich in Ruhe lassen, wenn du dich unsichtbar machst.

-Du bist völlig verunsichert, immer fragst du andere nach deren Meinung, sogar dann, wenn es um Dinge geht, die eigentlich nur dich etwas angehen.

Natürlich gibt es noch mehr Merkmale, die du als Orientierungspunkte nutzen kannst, wenn du dich auf die Suche nach schlechten Gewohnheiten machst. Ich wollte dir nur einige Beispiele nennen, damit du erkennst, dass es um die Verhaltensweisen von dir geht, über die du nicht gerne nachdenkst.

Wie ich schon sagte, ich kann dir Tipps geben, wie du deinem Selbst auf die Spur kommen kannst. Finden musst du es ganz allein, das kann und darf dir niemand abnehmen.

* * *

NUR WER SICH SELBST LIEBT, KANN ANDERE LIEBEN

Zu Beginn wird dir nicht gefallen, was du fndest, auf deinem Weg hinab in die Tiefen deines Unterbewusstseins.

Lass dich davon aber nicht vom Kurs abbringen oder entmutigen. Die schwierigste Hürde hast du bereits genommen, als du erkannt hast, warum du einen Teil deiner Persönlichkeit ändern musst.

Nur zu erkennen, dass du dich ändern musst, hätte dir gar nichts genutzt. Ich habe es dir erklärt, als ich von schlechten Gewohnheiten berichtet habe.

Jeder hat sie, und jeder will sie loswerden, aber zu mehr als den allseits bekannten, guten Vorsätzen zu Neujahr reicht es in der Mehrzahl der Fälle nicht. Zu bissig und widerspenstig ist dein „innerer Schweinehund", der dich täglich daran erinnert, dass du doch eigentlich mit deinen Gewohnheiten immer zufrieden warst. Warum etwas ändern, wenn man sich wohl fühlt damit?

Dieses „warum?" ist der Kern des Problems.

Wer den wahren Grund nicht erkennt, wird nie etwas unternehmen.

Wenn du dir sagst, dass du anderen immer den Vortritt lässt, weil du eine schüchterne Frau bist, wirst du keinen Handlungsdruck spüren. Schüchternheit ist kein Makel. Sie kann belastend sein, aber niemand wird dich wegen dieser Art von Zurückhaltung an den Pranger stellen. Du musst ganz sicher nicht um deinen guten Ruf fürchten, nur weil du schüchtern bist.

Wenn du dir aber sagst, dass du anderen immer den Vortritt lässt, weil du kein Selbstwertgefühl hast und es dir an Selbstachtung mangelt, sieht die Sache völlig anders aus.
Allein wenn du dir das sagst (sprich es laut aus, wenn du alleine bist, damit du es wirklich hören kannst), wird dir bewusst, dass es so nicht weitergehen darf.

Dieser Handlungsdruck wird dich am Anfang mehr demotivieren als motivieren. Zu groß und zahlreich sind die Probleme, die du überwinden sollst. Deswegen beginne mit kleinen Schritten. Setze dir konkrete, verhältnismäßig leicht und kurzfristig zu erreichende Ziele.
Du kannst nicht erwarten, dass du von heute auf morgen vor Selbstwertgefühl nur so strotzen wirst. Aber du kannst dir überlegen, welche Gewohnheiten Ausdruck deines Mangels an Selbstwertgefühl sind. Und dann nimmst du sie dir vor, eine nach der anderen.
Vielleicht gehst du einer Freundin zuliebe zwei Mal die Woche ins Fitnessstudio oder hast dich vor einem Vierteljahr von ihr dazu überreden lassen, mit dem Intervallfasten anzufangen, weil sie es nicht alleine versuchen wollte.
Dabei hasst du Fitnessstudios und hast dich vom ersten Tag an nicht an die Regeln des intermittierenden Fastens halten wollen.

Hast du es ihr gesagt? Nein, natürlich nicht.

Dazu fehlt dir das Selbstvertrauen. Du hast nicht den Mut, ehrlich zu sein, und ihr zu sagen, dass du lieber einen Tanzkurs machen würdest und mit deiner Figur im Großen und Ganzen zufrieden bist. Du willst sie nicht vor den Kopf stoßen, und noch weniger möchtest du eure Freundschaft auf's Spiel setzen. Schon gar nicht durch „übertriebenen Egoismus".

Aus derselben Grundhaltung heraus kämpfst du um die Liebe von beziehungsunfähigen Männern. Du suchst die Schuld bei dir. Immer, unabhängig davon, worum es geht und wie sich dein Gegenüber verhält.

Du siehst genau, dass deine Freundin und dein Partner keinerlei Skrupel haben, auf der Befriedigung ihrer Bedürfnisse und Wünsche zu beharren, aber du wagst es nicht, dich mit ihnen auf eine Stufe zu stellen.

Du bist in deinen eigenen Augen nicht halb so viel wert wie sie.

Deswegen liebst und bewunderst du sie und verachtest dich selbst.

Zumindest glaubst du das.

Und nun denk mal genau nach, sei ehrlich zu dir selbst, und beantworte aufrichtig die folgende Frage:

-Liebst und bewunderst du sie wirklich?

Ich denke, die Antwort lautet nein.

Du hasst dich selbst für deine rückgratlose Unterwürfgkeit. Du hasst dich selbst dafür, dass du dich von ihnen zu Sachen überreden lässt, die du nicht tun willst. Du hasst sie dafür, dass sie deine Angst und Schwäche skrupellos ausnutzen.

Mit Liebe hat das nichts zu tun.

Und deine Bewunderung für ihre Stärke und ihr Selbstbewusstsein ist mit einer gewaltigen Prise Neid und Missgunst gewürzt. Sie haben, was du gerne hättest, und leben es aus, auf deine Kosten.

Man kann also bestenfalls von einer Hassliebe sprechen.

Doch nun zurück zu den kleinen Schritten und den schlechten Gewohnheiten, die du dir eine nach der anderen vorknöpfst.

Als erstes muss das Fasten dran glauben. Den Vertrag im Fitnessstudio wirst du nicht so schnell los, aber vielleicht kannst du ihn an jemand anderen abtreten.

Du hast erkannt, warum du diese Dinge getan hast und ersetzt sie durch etwas, das zu dir passt.

Du hörst auf zu fasten, stellst dich vor den Spiegel und sagst dir, dass du deinen Körper so wie er ist gut fndest. Dann kaufst du dir das Kleid, das du schon immer haben wolltest, obwohl deine Freundin sagte, dass es deine „Problemzonen" betont, rufst ein paar Leute an, verabredest dich mit ihnen in einem Restaurant und genehmigst dir dein Lieblingsgericht. Diesen kleinen Schritt in die richtige Richtung solltest du in Wort und Bild festhalten.

Lege ein Tagebuch an, in dem du das erreichte niederschreibst. Mach einige Anmerkungen dazu, damit du später jederzeit nachlesen kannst, welche Anstrengungen du hast unternehmen müssen, um dieses wichtige Etappenziel zu erreichen. Das wird dich daran erinnern, wie ausdauernd du für diesen Erfolg gearbeitet hast.

Druck die Fotos aus dem Restaurant aus und klebe sie in dein Tagebuch. Als Erinnerung daran, dass niemand starr vor Schreck auf dich gestarrt hat, nur weil du Selbstvertrauen gezeigt hast.

Neben dieser Dokumentation deiner kleinen Erfolge solltest du lernen, deine Aufgaben zu visualisieren. Verbildliche die vor dir liegende Aufgabe in deiner Fantasie und erschaffe aus ihr einen Film, in dem du die

Hauptrolle spielst. Die Notizen über die bereits erreichten Erfolge werden dir Mut machen. Diesen Film lässt du in Gedanken ablaufen, aber vergiss niemals, dass es ein Dokumentarfilm sein soll, in dem gezeigt wird, wie du dein nächstes Etappenziel erreichst, und kein Fantasy-Epos. Dein reales Ich ist der Hauptdarsteller, und nicht der fiktive Klon eines HollywoodStars. Je größer die Herausforderung ist, die vor dir liegt, desto mehr solltest du dich darauf freuen, sie zu meistern. Mit jedem erreichten Etappenziel kannst du die Messlatte ein wenig höher legen. Und wenn es mal nicht so schnell geht, ist das kein Beinbruch. Manche Dinge brauchen eben mehr Zeit als andere.

Nicht die Schnelligkeit entscheidet, sondern das Erreichen des Ziels. Suche dir Freunde, die dich unterstützen in dem, was du tust. Es wird schwer für dich sein, keine Frage. Du hast nie gelernt, deine Freunde bewusst auszusuchen. Bisher warst du dankbar für jeden, der so getan hat, als wäre er mit dir befreundet. Dass du jetzt nicht mehr bereit bist, dich vor deinen vermeintlichen Freunden zu ducken und kein Verlangen danach hast, dich dafür zu rechtfertigen, dass du dich ändern möchtest, wird vielen sauer aufstoßen. Lass dich dadurch nicht beirren, wer damit nicht klar kommt, war noch nie wirklich mit dir befreundet. Deine Selbst-Verwirklichung schadet keinem und schränkt niemanden in seiner Freiheit ein. Wenn dir sogenannte Freunde trotzdem mit Häme und Kritik begegnen, dann liegt das nicht daran, dass du dich daneben benimmst, sondern daran, dass sie ihre Minderwertigkeitsgefühle dir gegenüber nicht kontrollieren können.

Eine völlig neue Erfahrung für dich, nicht wahr? Jemand ist neidisch auf dich und fühlt sich dir gegenüber unterlegen.

Eine gute Erfahrung.

Sie zeigt dir, dass du auf dem richtigen Weg bist. Du lernst, dich so zu akzeptieren und zu lieben wie du bist.

Jetzt kannst du dich auf die Suche nach Mr. Right machen. Du jagst nicht länger einem Phantom hinterher, das dich von deiner Existenzangst und deinem Selbsthass befreien soll.

Du suchst einen Mann, den du so lieben kannst wie dich liebst.

* * *

MR. RIGHT-OPTIMAL,
ABER NICHT PERFEKT

Hast du erst einmal die abenteuerliche Reise zu deinem Selbst begonnen, ist für dich die Suche nach dem Traummann zu Ende.

Jetzt suchst du nicht mehr den Prinzen in goldener Rüstung, sondern den „Richtigen" im eigentlichen Sinne des Wortes.

Du suchst den Mann, der zu deinem Selbst passt, soll heißen, den Mann, der bereit ist, dich so zu nehmen wie du bist, und nicht so, wie er dich gerne hätte.

Die Zeiten, in denen du dich verbogen hast, nur um es einem Typen recht zu machen, der sich am Ende doch nur als Blender und Lügner erwiesen hat, und nicht ein einziges seiner vollmundigen Versprechungen halten konnte, sind vorbei.

Wenn dich jetzt einer dieser beziehungsgestörten Männer anspricht, hat er ebenso schlechte Karten wie jeder selbsternannte Pick-up-Artist.

Die „Kunst" dieser Don-Juan-Azubis verfängt bei dir nicht mehr. So wenig wie die Gentleman-Masche eines narzisstischen Möchtegern-Casanovas.

Die drehbuchgleiche Perfektion der auswendig gelernten Anmachsprüche und die sorgfältig inszenierten Dates im Scripted-Reality Stil machen dich sofort misstrauisch.

Du hast aus Erfahrung gelernt, auf gewisse Dinge zu achten. Die Eintragungen in deinem Erfolgstagebuch helfen dir dabei, dich an sie zu erinnern.

In diesem Tagebuch steht auch viel über die von dir identifzierten Auslöserreize alter, schlechter Gewohnheiten. Du hast dir den Frust und das Entsetzen über die eigene Verführbarkeit von der Seele geschrieben.

Jetzt erwartest du keine Doku-Soap mehr, jetzt erwartest du einen Dokumentarflm, der zu dem passt, den du in deinem Kopf hast, wenn du an deine Zukunft an der Seite eines Mannes denkst.

Für PUAs, Narzissten und Beziehungsgestörte bist du jetzt eine Emanze, eine von denen, „die nie einen bekommt".

Da haben sie teilweise sogar recht, dass muss man zugeben. Du bist zwar keine Emanze, aber du wirst dich ganz sicher nie wieder von einem PUA, einem Narzissten oder einem Beziehungsgestörten für dumm verkaufen lassen.

Du wirst wie jede Frau mit Stolz und Selbstvertrauen die Initiative ergreifen.

Wissenschaftliche Untersuchungen aus dem Bereich der Verhaltensforschung haben ergeben, dass Frauen mit einem intakten Selbstwertgefühl diejenigen sind, die sich ihre Partner auswählen.

Das geschieht zum Beispiel dadurch, dass sie dem Mann, von dem sie angesprochen werden wollen, so lange Blicke zuwerfen, bis sich dieser auf den Weg zu ihnen macht. Dort angekommen, darf er bloß nicht den Fehler machen, sich zu sehr zu loben.

„Starke" Frauen, die eine Beziehung suchen (also jene, die nicht jemanden brauchen, der ihr fehlendes Selbstbewusstsein durch pathologische Selbstüberschätzung wettmacht), gestehen den Männern, von denen sie angesprochen werden wollen, nur bis zu einem bestimmten Grad zu, dass sie sich „aufplustern" und angeben. Das gehört halt nun einmal dazu und zeigt im Grunde nur, dass ein Mann eine Frau beeindrucken will, weil er sie sympathisch fndet. Also nichts Verwerfliches.

Wenn er gar nicht mehr damit aufhören kann, ist allerdings etwas faul. Aber keine Sorge, du hast jetzt die ideale Waffe in der Hand, um ihn in die Flucht zu schlagen:

Selbstbewusstsein.

Du sagst ihm deine Meinung zu einem Punkt, in dem er ganz klar Position bezogen hat, oder du äußerst frei heraus deine Ansichten zu einer Sache, in der er gerade eben das Gegenteil gesagt hat.

Das kommt bei PUAs und Narzissten ganz schlecht an.

Natürlich werden sie dich nicht sofort in Ruhe lassen. Gut möglich, dass der eine oder andere jetzt erst recht loslegt und sich an dich heftet wie ein Trickbetrüger an einen Bus voller Seniorinnen auf Kaffeefahrt. Nimm es mit Humor. Du bist eine selbstbewusste, attraktive Frau. Shit Happens!

Spar dir deine Aufmerksamkeit und dein Interesse für die Männer auf, die es ernst meinen. Anders als bisher, hast du jetzt genug Selbstbewusstsein, um sie „herauszufordern".

Damit meine ich, du gibst ihnen die Gelegenheit, dir ihr Selbst vorzustellen. So wie dein Selbst ist auch das ihre einzigartig. Wenn du also von ihnen immer nur das zu hören bekommst, was in auffälliger Weise zu dem passt, was sie von dir wissen, dann stimmt etwas nicht.

Niemand ist perfekt. An diese simple Lebensweisheit solltest du immer denken, wenn du ein Date hast.

Es gibt kein perfektes Paar, die zwei Herzen, die im Gleichklang schlagen, gibt es nur im Märchen oder in Hollywood.

In der Realität ist die Große Liebe keine Ansammlung von rührseligen Klischees, sondern das, was zwei Menschen miteinander verbindet, wenn sie einander so lieben, wie sie sind.

Davon träumt jeder Mann und jede Frau, geliebt zu werden, für das, was man ist, mit allen „Macken", Fehlern und Besonderheiten. Sich nicht ein Leben lang verstellen müssen, nicht irgendwann feststellen müssen, dass der andere einen manipuliert und getäuscht hat, nicht aufwachen müssen und erkennen, dass man mitten in einem Theatersaal Platz genommen hat und Zeuge einer drittklassigen Schmierenkomödie geworden ist.

Jede Frau, die schon einmal auf den Falschen hereingefallen ist, weiß, wie sich das anfühlt. Und du weißt jetzt auch, warum dir so etwas zustößt.

Zu so einem Betrug gehören immer zwei, derjenige, der betrügt, und diejenige, welche die Augen vor dem Betrug verschließt.

Ich weiß, es klingt hart und ist das Letzte, was du hören willst, nachdem du eine solche Alptraum-Beziehung durchgemacht hast. Aber denke an das, was du in diesem Buch gelesen hast.

Der Heuchler kann dich nur dann blenden, wenn du Ausschau nach grellen Lichtern hältst, weil es in dir so fnster ist, dass du glaubst, nur ein unnatürlich helles Licht könne die Dunkelheit in deinem Inneren durchdringen und zum Leuchten bringen.

Eine Frau, die von innen heraus strahlt, braucht keinen Mann, der ihr Licht spendet.

Sie sehnt sich nach dem Mann, der von dem einzigartigen Licht, das aus ihrem Inneren strahlt, geradezu magisch angezogen wird.

Um dieses Licht zum Leuchten zu bringen, musst du dein Selbst annehmen und verwirklichen. Du musst aufhören, es anderen recht machen zu wollen. Mr. Right wird dich mögen, weil du so bist, wie du bist und nicht irgendwie anders. Das macht dich einzigartig, besonders und liebenswert. Die Große Liebe verbindet zwei Menschen, die wissen, dass sie mit keinem anderen so glücklich sein können, wie mit dem, an dessen Seite sie leben. Deswegen wird das Leben nicht sorgenfrei, aber man genießt es trotzdem, gemeinsam mit dem Menschen, an dessen Seite man sich jeder Herausforderung stellen wird. Erinnerst du dich daran, was ich über die biochemischen Prozesse in deinem Körper gesagt habe? Den Fortpflanzungsinstinkt und die Hormone, die dich dafür belohnen, wenn du den Rest deines Lebens miteinem einzigen Mann verbringen möchtest? Ich sagte, es ist nicht ganz so einfach. Man kann die Liebe nicht auf ein paar biochemische Reaktionen in deinem Gehirn reduzieren, ich hoffe, das ist dir nun klar geworden. Sie ist unendlich viel komplizierter und vielschichtiger als das. Aber in einem Punkt haben die Wissenschaftler recht.

Solange du Single bist, suchst du nach dem Menschen, mit dem du den Rest deines Lebens verbringen willst.

Mr. Right zu fnden, ist das Beste, was dir passieren kann. Dein Leben wird deswegen nicht perfekt, aber optimal. Und mehr sollte man nicht erwarten.

* * *

LIEBE IST
SELBST-OPTIMIERUNG

Wenn man von Optimierung redet, denken die meisten sofort an
Leistungsdruck und Wettbewerb. Das ist falsch.
Es kommt darauf an, wer optimiert und was optimiert werden soll. Wenn
du dein Selbst optimieren willst, gibt es weder Leistungsdruck noch
Wettbewerb. Es sei denn, du hast das Prinzip der Selbst-Optimierung
nicht richtig verstanden.
Selbst-Optimierung ist vielen unter dem Begriff „Biohacking" bekannt.
Man kann sich fragen, wie Bio und Hacking zusammenpassen können
(oder sollen). Wenn ich Bio höre, denke ich an Lebensmittel und Natur, an
Diskussionen über Konservierungsstoffe und den Biologieunterricht
an der Schule.

Hacking verbinde ich mit dem unerlaubten Eindringen in irgendwelche
Computersysteme, mit dem Ziel, mir etwas anzueignen, was mir nicht
gehört, oder um etwas zu zerstören oder zu schädigen, was ein anderer
geschaffen hat.
Biohacking hat damit aber nichts zu tun. Es ist ein Trend aus den USA, der
darauf abzielt, sich selbst zu verbessern.

Ich fnde den Begriff äußerst unglücklich gewählt. Schließlich wird die „Bio-Masse" Mensch nicht gehackt. Man dringt in sein eigenes physisches und psychisches System ein, analysiert es und verbessert es anschließend. Dazu muss ich mich nicht hacken. Es sei denn, ich begreife mich selbst als ein mir unverständliches, fremdes System, in das ich als Eindringling gelangen muss, um es verändern zu können.

Dann machen auch all die vielen Helfer Sinn, mit denen sich Biohacker so gerne ausrüsten. Wenn ich mir selbst (meinem Selbst) so fremd bin, dass ich mich von außen „objektiv" betrachten muss, um mich analysieren zu können, dann ist eine App eine gute Sache.

Ich frage mich aber, zu was ich eine App brauche, die meine Schritte zählt, wenn ich auf dem Weg zu meinem Selbst bin.

Natürlich bleibt es jedem selbst überlassen, wie er sich optimieren will. Was ich dir vorgeschlagen habe, hat aber mehr mit Selbst-Findung und Selbst-Wahrnehmung zu tun als mit dem Hacken eines fremden Systems. Wenn dir dein Selbst „fremd" erscheint, dann suche den Zugang zum System nicht wie ein Hacker, sondern wie ein Besucher, der etwas Neues kennenlernen und verstehen will.

Selbst-Verständnis setzt verstehen voraus. Das, was du fndest, entzieht sich einer fundierten Analyse allein schon dadurch, dass es für dich einen persönlichen, subjektiven Wert hat, der nicht „objektiv" analysiert werden kann.

Also höre auf, dich während deiner Reise zu deinem Selbst mit anderen zu vergleichen oder dich daran zu messen, wie erfolgreich oder erfolglos andere bei diesem Unternehmen sind.

Zähl nicht die Schritte, sieh nach vorne, und verliere dein Ziel nicht aus den Augen. Geschwindigkeit und Dauer der Reise sind bedeutungslos, das Ankommen ist entscheidend.

Du wirst vieles fnden, was dir nicht gefällt und was dich belastet. Ich habe dir erklärt, dass du die Möglichkeit hast, ohne fremde Hilfe all das zu ändern. Was du dazu brauchst, ist ein starker Wille und Geduld.

Jetzt wirst du vielleicht sagen, dass es dir an Willensstärke mangelt. Das ist doch gerade dein Problem, deswegen hast du doch ständig Schwierigkeiten.

Richtig.

Aber vergiss nicht, dass du den ersten Schritt bereits getan hast. Du hast erkannt, dass du deinem Selbst völlig entfremdet bist und Dinge tust, die dir schaden. Das zu erkennen und dir selbst einzugestehen, erfordert Willensstärke. Du hast einen starken Willen, du bist es nur nicht gewohnt, ihn einzusetzen.

Das wird sich im Laufe der Zeit ändern. Mit jedem erfolgreich erreichten Etappenziel wirst du mehr an dein Selbst glauben. Erinnere dich an die Gewohnheiten. Du wirst nicht von heute auf morgen ein neuer Mensch, du änderst dich Gewohnheit für Gewohnheit. Und glaub mir, je weiter du kommst, desto leichter wird es für dich.

Alles hängt miteinander zusammen. Das bedeutet, dass jede neue Gewohnheit das Erlernen weiterer Gewohnheiten erleichtert. Und je leichter es dir fällt, desto mehr Freude hast du dabei. Bald schon kannst du kaum noch verstehen, warum du es jemals anders gemacht hast. Und irgendwann fragst du dich nicht mehr danach. Dann ist dir das neue Verhalten so in Fleisch und Blut übergegangen, dass du es nicht einmal mehr merkst. Dann handelst du gewohnheitsmäßig, nur dass es dieses Mal zu deinem Vorteil geschieht.

Deswegen bist du noch lange nicht egoistisch. Denn sein Selbst zu optimieren, heißt nicht, es auf Kosten anderer zu tun.
Wenn du anderen schadest, optimierst du nicht dein Selbst. Ein Narzisst, der dich ausnutzt, um eigene Ziele zu erreichen, optimiert nicht sein Selbst. Er denkt nicht einmal an sein Selbst, er rennt davor weg. Deswegen heftet er sich an dich wie ein Blutsauger, nur dass er dir nicht das Blut, sondern die Energie aussaugt.
Das eigene Selbst zu optimieren bedeutet immer, dass man mit sich im Reinen ist. Wenn du diesen Punkt erreicht hast, wirst du andere gar nicht ausnutzen wollen, du wirst schon den Gedanken daran abscheulich fnden, weil du weißt, wie es ist, wenn man von anderen benutzt und manipuliert wird.
Bist du mit dir im Reinen, wirst du wollen, dass alle, die du liebst, ebenso fühlen wie du. Wie solltest du dann noch den Mann ausnutzen können, in den du dich verliebt hast? Wie solltest du in der Lage sein, deinen Kindern das anzutun, was deine Eltern dir angetan haben?
Mit deiner Entscheidung, dein Selbst zu optimieren, hast du einen ganz klaren Schnitt in deiner Biografe gemacht.
Deine Kinder werden nicht so aufwachsen müssen wie du, sie werden nicht vom Tage ihrer Geburt an Dauerstress ausgesetzt sein und dafür bestraft werden, dass sie ein eigenständiger Mensch sein wollen.
Sie werden nichts von dem durchmachen müssen, was du hast erleiden müssen. Nicht etwa, weil du dir, wie so viele Frauen, einredest, dass du nie so sein wirst, wie deine Mutter.
Deine Kinder werden deine Erfahrungen nicht machen müssen, weil

du erkannt hast, dass es nicht ausreicht, zu sagen, du willst nicht in die Fußstapfen deiner Mutter treten. Du hast begriffen, dass du dich verändern musst, indem du dein wahres Selbst fndest und verwirklichst. Und weil es dir so gut tut, wirst du deine Kinder ermutigen, dasselbe zu tun. Du wirst das Gegenteil von dem tun, was deine Mutter getan hat, weil du zu dir gefunden hast. Schimpfen allein hilft so wenig wie Schuldzuweisungen gegen andere. Nur wenn du dein Selbst verwirklichst, kannst du deinen eigenen Weg gehen und es besser machen.

Dazu gehört auch, dass du nach einem Partner suchst, mit dem du wirklich glücklich sein kannst. Jetzt weißt du, was du willst. Du suchst nach einem Mann mit Selbst-Bewusstsein und Selbst-Vertrauen.

Du fühlst den Männern auf den Zahn, wenn sie dir den Hof machen. Du hörst ganz genau hin, wenn sie reden, du machst kein Hehl aus deinem Misstrauen gegen Aufschneider und deiner Abneigung gegen Süßholzraspler.

Ein selbstbewusster Mann, der es ehrlich meint, wird dir nicht eimerweise Honig um den Mund schmieren. Ganz im Gegenteil, er wird alles tun, um den Eindruck zu vermeiden, unehrlich zu sein. Da kann es passieren, dass er nicht weiß, was er sagen soll. Sein ganzes Selbstbewusstsein hilft ihm in diesem Moment nicht, wenn er dir zu verstehen geben will, dass er dich wirklich liebt.

Er spürt es vielleicht, dass auch du dich zu ihm hingezogen fühlst, aber er kann dieses „Etwas" nicht einordnen, also bleibt er vorsichtig und zurückhaltend.

Jetzt ist es an dir, ihm ein wenig unter die Arme zu greifen und dem Gespräch eine Richtung zu geben. Er wird dir aufmerksam zuhören, er wird auf deine Mimik und deine Gesten achten, er wird die Modulation deiner Stimme wahrnehmen, und er wird jede deiner Reaktionen auf seine Worte genau beobachten.

Er sieht dich nicht an wie der Jäger sein Wild, du bist nicht im Fadenkreuz der „geladenen Waffe" eines Pick-up-Artists, der unbedingt zum Schuss kommen möchte. Er sieht dich an wie jemand, der erkannt hat, dass seine Suche beendet ist.

Und du spürst dasselbe.

Du liebst ihn für das, was er ist. Du liebst sein Selbst, und du wirst alles tun, was du kannst, damit er an deiner Seite weiter sein Selbst verwirklichen und optimieren kann.

Wahre Liebe ist untrennbar verbunden mit dem Wunsch, dass die geliebte Person sein Selbst optimieren kann.

Nichts tut dir so gut, wie das Wissen, dass dein Partner dich so liebt wie du bist. Und diese Liebe gibst du auch deinem Partner. Es ist ein Geben und Nehmen, aber kein erzwungener Austausch, denn ihr habt diese Liebe empfunden, seit ihr euch begegnet seid.

Wenn du dir seine Liebe erst „verdienen" musst, dann vergiss ihn. Wahre Liebe stellt keine Bedingungen.

Die Zeiten, in denen du wegen fehlendem Selbst-Bewusstsein geglaubt hast, du müsstest um die Zuneigung anderer kämpfen, weil du ohne diese Unterwürfigkeit und Selbstaufopferung nicht liebenswert bist, sind unwiderruflich vorbei.

Selbst-Optimierung in der von mir beschriebenen Form ist nicht das Gegenteil von Liebe, sondern eine ihrer Voraussetzungen.

„Liebe deinen Nächsten wie dich selbst", heißt es in der Bibel.

Liebe deinen Partner wie dein Selbst, könnte man sagen, oder, noch besser: Nur wer sein Selbst liebt, kann andere lieben.

Dein Selbst zu optimieren, ist also kein Zeichen von Egoismus. Je mehr du dein Selbst liebst, je mehr du für dein Selbst tust, je mehr du dein Selbst zu verwirklichen versuchst, desto mehr bist zu fähig, auch anderen zuzugestehen, ihr Selbst zu verwirklichen und zu optimieren.

Natürlich heißt das nicht, dass du jetzt für jeden Mann interessant bist. Erinnere dich daran, dass sich die Liebe jeder einfachen oder eindimensionalen Erklärung entzieht. Sie ist geheimnisvoll und faszinierend zugleich, sie ergreift dich voll und ganz, physisch und psychisch, bewusst und unbewusst. Gerade das macht sie so wichtig und einzigartig, sie gehört nicht zum Leben, sie ist dein Leben.

Ich liebe, also bin ich, könnte man in Anlehnung an den Philosophen Descartes sagen.

Denn die Liebe kommt aus dem Selbst, aus dem, was du bist und womit du dich defnierst in deiner Einzigartigkeit.

Die Liebe verbindet in dir die beiden Pole, zwischen denen sich deine Existenz hin und her bewegt. Deine Individualität als einzelner Mensch und deine Zugehörigkeit zur Spezies Mensch.

Letzteres bedeutet, dass du in vielem so bist wie andere. Dein Gehirn funktioniert wie das der anderen Menschen, dein Körper reagiert auf bestimmte Situationen in der für Menschen typischen Weise. Aber dein Bewusstsein sorgt dafür, dass du mit deinen Erfahrungen anders umgehst als andere. Zwei Menschen, die dasselbe erleben, reagieren unterschiedlich. Nicht sofort, aber langfristig. Sie speichern das Geschehene ab und vergleichen es mit ihren Erfahrungen
und ihrem Wissen.

So wird aus der typisch menschlichen eine individuelle Reaktion.

Deswegen liebt jeder von uns anders.

Das ist auch einer der Gründe dafür, warum jeder von uns andere Vorstellungen von seiner „Große Liebe" hat.

Wenn du dein Selbst gefunden hast und beginnst, es zu verwirklichen und zu optimieren, dann wirst du auch den Mut haben, dich zu den Vorstellungen zu bekennen, die du dir von deinem „Traummann" gemacht hast.

Oft wunderst du dich selbst, warum dir der oder jener auf Anhieb sympathisch ist. Lass dich davon nicht irritieren. So lange du ihn nicht nur deshalb magst, weil er dir etwas geben soll, was du dir selbst nicht beschaffen kannst, ist alles in Ordnung. Liebst du ihn für das, was er ist, dann ist das eben so.

Daran ändern auch die wissenschaftlichen Studien nichts, die den Frauen nachsagen, dass sie während der fruchtbaren Tage ein ungewohnt heftiges Verlangen nach Seitensprüngen haben. In diesen Tagen gieren sie angeblich regelrecht nach muskulösen Männern mit kantigen Gesichtern und betont maskulinem Verhalten. Das mag schon sein. Aber ich habe schon weiter oben erklärt, dass du kein instinktgesteuertes Tier bist. Anders als deine Vorfahrinnen, die vor zwei Millionen Jahren die afrikanische Savanne auf der Suche nach Essbarem durchstreift haben, bist du nicht einmal im Monat auf der Jagd nach möglichst perfekten Genen.

Wenn du dich so sehr danach sehnst, mit einem anderen Mann (und nicht mit deinem Partner) zu verkehren, dann hat das mit Sicherheit ganz andere Gründe.

Auch dafür sorgen unsere urtümlichen Veranlagungen. Denke an dein limbisches System, deine „Glückshormone", das Belohnungssystem in deinem Gehirn. Du wirst von deinem Gehirn nicht einfach so dafür belohnt, dass du während deiner fruchtbaren Tage mit einem besonders76 maskulinen Mann ins Bett steigst.

Wenn du diesem Drang nicht widerstehen kannst, dann bedeutet das nur, dass du deinen Partner nicht liebst.

Das Belohnungssystem deines Gehirns reagiert auf die Art und Weise, wie dein Gedächtnis Sinneseindrücke gefühlsmäßig bewertet.

Wenn du also wirklich verliebt bist, wirst du nicht dafür belohnt, dass du mit einem maskulinen Fremden einen Quickie hast, sondern dafür, dass du mit dem Mann, den du liebst, während deiner fruchtbaren Tage besonders oft und intensiv intim bist.

Du siehst einmal mehr, wie deine körperliche Veranlagung und deine bewussten Denkprozesse ineinander greifen und einander beeinflussen. Wenn du dein Selbst verwirklichst und dir den Partner aussuchst, dessen Selbst du am anziehendsten und attraktivsten fndest, dann wird dieser Mensch dir wichtiger sein als jeder andere auf der Welt. Selbst dann, wenn dein Partner ein Bäuchlein und eine Sportallergie hat. Er entspricht nicht dem Ideal von Männlichkeit in unserer Gesellschaft, aber er ist der Mann, den du haben willst.

Deswegen ist dir auch egal, ob du in einem Land lebst, in dem jeder auf seine Art und Weise glücklich werden kann. Du wirst den Pluralismus und die Freiheit in unserer Demokratie nicht mehr als Bedrohung empfnden. Du bist dein eigener Maßstab.

Ob deine Nachbarn homosexuell sind und ein Kind adoptieren wollen, wird dich nicht stören. Wenn die beiden sich lieben, können sie so gute Eltern sein wie jedes Hetero-Paar.

Selbst-Verwirklichung bedeutet auch gelebte Toleranz. Jeder hat das Recht, sein Selbst so zu verwirklichen, wie es ist.

Du wirst das Selbst-Vertrauen der anderen nicht mehr als Bedrohung deiner eigenen Existenz empfnden. Nur die müssen Angst vor Fremden77 haben, die sich ihres Selbst nicht sicher sind und die deswegen darauf angewiesen sind, dass alle „gleich" sein müssen.

Du wunderst dich vielleicht darüber, warum ich von Dingen rede, die eigentlich eher in ein politisches Buch passen.

Ganz einfach.

Alles greift ineinander.

Deine Selbst-Verwirklichung und -Optimierung bedeutet nicht nur, dass du dich davor bewahren kannst, wieder und wieder auf den Falschen hereinzufallen. Es bedeutet auch, dass du deinen Partner für dessen Individualität liebst. Es bedeutet auch, dass du alles tun wirst, dass deine Kinder ihren eigenen Weg gehen werden.

Erkennst du, worauf ich hinauswill?

Du veränderst deine Umwelt, wenn du dein Selbst verwirklichst und optimierst.

Deine Kinder werden ihren Kindern weitergeben, was sie von dir gelernt haben.

Dein Mann wird dank dir fähig sein, Dinge zu tun, die er ohne deine Liebe vielleicht nie geschafft hätte.

Du wirst nicht mehr auf Leute hereinfallen, die dich nur manipulieren wollen.

Das, was ganz klein und unscheinbar beginnt mit dem Wunsch, nicht immer auf die falschen Männer hereinzufallen, wird im Laufe deines Lebens dazu führen, dass du etwas bewegst. Du verbesserst das Leben derer, die du liebst.

Kennst du den Hollywood-Film „Der kleine Lord"? Die Drehbuchschreiber haben einem der Darsteller einen wichtigen Satz in den Mund gelegt: „Jeder Mensch sollte in seinem Leben die Welt ein kleines bisschen besser machen."

Wenn du dein Selbst verwirklichst und optimierst, wirst du genau das tun.

* * *

SELBSTLIEBE

I. Was ist Selbstliebe?

Die Gabe, sich selbst zu lieben, haben viele von uns verlernt und wir wissen heute oft gar nicht mehr, was Selbstliebe überhaupt ist. In der Zeit in der wir leben, wird von uns erwartet immer zu funktionieren, alles zu leisten, was möglich ist und über uns hinaus zu wachsen. Es ist selbstverständlich geworden, dass wir über unsere Grenzen gehen und unsere Bedürfnisse und Wünsche in den Hintergrund stellen. Schneller, höher, weiter. Wir schauen oft nach außen auf andere und was sie von uns möchten und weniger nach innen auf uns selbst und was wir brauchen.

An sich selbst zu denken, seine Gefühle wahrzunehmen und nach ihnen zu handeln, wird oft als egoistisch dargestellt. Die meisten Menschen, um uns herum, möchten nicht, dass du nach dir guckst. Sie möchten dass du dich um sie kümmerst und dass du gibst.

Selbstliebe ist aber genau das. Denk einmal an deinen Partner oder eine andere Person, die du sehr liebst, wie jemanden aus deiner Familie. Weil du ihn so sehr liebst, möchtest du, dass es ihm gut geht. Du tust alles, damit dieser Mensch sich wohlfühlt. Du hörst ihm zu, nimmst ihn ernst, versuchst zu verstehen, wie es ihm geht und ihn bei seinen Wünschen zu unterstützen. Du meldest dich regelmäßig bei ihm, um dich nach ihm zu erkundigen und du bist wie selbstverständlich für ihn da, wenn es ihm einmal nicht gut geht.

Wenn wir all das jemandem entgegenbringen, der uns zwar sehr bekannt ist, aber in dessen Haut wir ja nicht einmal stecken, sollten wir uns selbst nicht auch so behandeln? Immerhin verbringen wir jeden Tag und jede Sekunde mit uns selbst. Sollten wir uns da nicht am nächsten stehen?

Sich selbst zu lieben ist im Grunde gar nicht so schwer, wenn man bedenkt, dass wir das jeden Tag anderen Menschen entgegenbringen, also mit den Handlungen der Liebe bestens vertraut sind. Fehlt also nur noch das „selbst" in der Liebe.

Um dir klar zu machen, was du dir entgegenbringen könntest, um dir selbst zu zeigen, dass du dich schätzt, überlege was du den Menschen um dich herum Gutes tust.

Bist du hilfsbereit? Hast du ein offenes Ohr für sie und ihre Sorgen? Nimmst du ihnen schwere Dinge ab, damit sie nicht alles alleine tragen müssen?

Und wie behandelst du die Personen in deinem Leben, die du wirklich liebst? Verwöhnst du sie mit einer schönen Massage? Stellst du dich in die Küche und zauberst ein leckeres Essen für sie? Überraschst du sie mit einem schönen entspannten Abend oder einem tollen Ausflug?

Ist dir etwas eingefallen? Und nun, wende all diese Dinge auch auf dich an. Menschen, wie deinen Nachbarn hilfst du, wenn sie zum Beispiel schwere Einkaufstüten tragen. Nimm selbst Hilfe an oder bitte um sie, wenn du etwas Schweres trägst, anstatt dich vollkommen zu verausgaben.
Du hörst anderen bei ihren Problemen zu und versuchst ihnen zu helfen? Warum erzählst du nicht selbst einmal einer vertrauten Person, was dich belastet und lässt dir Rat geben?
Und warum tust du dir selbst nicht einmal etwas wirklich Gutes und gönnst dir spontan einen Besuch in einem Spa oder ein Entspannungsbad zu Hause? Koche dir dein Lieblingsessen und iss es dann genussvoll und mit Zeit auf deinem Balkon oder bei einem schönen Picknick, einfach für dich selbst.

Darin liegt der Schlüssel der Liebe zu sich selbst. Es geht darum, sich Dinge zu gönnen. Schöne Erlebnisse und Momente geschehen zu lassen und zu ermöglichen, auch wenn sie „nur" für dich sind und niemand sonst dabei ist. Es geht darum, sich Zeit zu schenken und zu genießen. Im Grunde geht es darum, sich Dinge zu erlauben.
Erlaube dir, einfach einmal nicht produktiv sein zu müssen und nur zu dösen.
Erlaube dir, dir Zeit zu nehmen für dein Lieblingsbuch.
Erlaube dir, deinen Interessen nachzugehen, anstatt dich zwanghaft mit Dingen zu beschäftigen, die andere als sinnvoll betrachten.
Nimm dich an, mit all deinen Wünschen, Bedürfnissen, Hoffnungen und Träumen. Und unterstütze dich selbst, indem du ihnen Raum gibst und ihnen

nachgehst.

Der Grundgedanke der Selbstliebe ist, sich genauso anzunehmen und zu lieben, wie du es auch bei anderen ganz selbstverständlich tust. Und wenn du genauer überlegst, solltest du dich selbst sogar noch mehr lieben, als jeden anderen Menschen auf dieser Welt. Immerhin hast du dir so viel zu verdanken. Dein Körper trägt dich jeden Tag wohin du ihn leitest. Dein Herz zeigt dir, worauf du achten sollst. Dein Kopf hilft dir, Dinge zu unterscheiden und stetig zu wachsen.

Sei dankbar für all die Dinge, die du geschafft hast und zeige dir deine Dankbarkeit jeden Tag. Lebe ein Leben, das dich erfüllt und höre auf dein Herz. Das ist Selbstliebe.

II. Ist Selbstliebe egoistisch?

Wenn du anfängst dich selbst zu lieben, indem du nach dir schaust und dich und deine Bedürfnisse ernst nimmst und nach ihnen handelst, wirst du einigen Menschen begegnen, die dir vorwerfen werden, egoistisch zu sein. Höre nicht auf sie! Das was sie meinen, ist der sture Egoismus eines Menschen, der nur nach sich schaut und alles um ihn herum, besonders die Menschen in seinem Leben, vernachlässigt.

Es gibt aber auch einen gesunden Egoismus. Gesund ist es, wenn du dich nicht vergisst. Gesund ist, wenn du immer wieder zu dir zurück kommst, auf dich achtest und deine Bedürfnisse erfüllst. Gesund ist es, wenn du anderen, aber auch dir selbst Gutes tust und dein Umfeld nicht über deine eigene Person stellst.

Das was Unwissende oft mit Selbstliebe verwechseln ist „Selbstverliebtheit", auch bekannt unter dem Wort„Narzissmus". Ein Mensch, der vollkommen vereinnahmt von sich ist, ständig im Mittelpunkt stehen muss, immer alle Aufmerksamkeit und Fürsorge bekommen möchte und dabei andere übergeht, weil sie ihm egal sind, das ist ein Narzisst.

Jemand, der sich um sich kümmert und damit ein ausgewogenes Gleichgewicht zwischen den Anforderungen und Aufgaben seines täglichen Umfelds und den Wünschen und Bedürfnissen seiner selbst herstellt, ist nicht narzisstisch. Er ist nicht „selbstverliebt". Er ist viel mehr mit sich im Reinen, vernachlässigt sich nicht und hegt eine gute Beziehung zu sich selbst. Er liebt sich. Und sich selbst zu lieben schließt nicht automatisch aus, auch andere zu lieben, ihnen Gutes zu tun und für sie da zu sein. Im Gegenteil, wenn du nach innen schaust und erkennst woran es dir mangelt, zum Beispiel an Ruhe oder Zeit für dich und du dich um dich kümmerst, indem du dir den Raum nimmst, den du benötigst, dann wird es dir sehr viel besser gehen. Nachdem du dich um dich gekümmert hast, wirst du erfüllt sein, mit neuer positiver Energie und genug Kraft, dich all dem zuzuwenden, was jeden Tag auf dich einströmt. Du wirst den Menschen, die dich umgeben, mit Liebe und Ausgeglichenheit entgegentreten können und sie dadurch bereichern.
Selbstliebe beinhaltet also nicht nur Fürsorge für dich selbst, sondern auch Fürsorge für die Menschen, die mit dir in Kontakt stehen und bereichert deine Umgebung und dich gleichermaßen.

III. Wieso ist Selbstliebe so wichtig?

Ohne, dass du dich um deinen Körper, deinen Geist und deine Seele kümmerst, kannst du auch den Herausforderungen des Alltags nicht stark entgegentreten. Jeden Tag strömen tausende neue Eindrücke auf dich ein.

Angefangen von Geräuschen, wie Straßenlärm oder Kindergeschrei, über visuelle Eindrücke, wie blinkende Werbeanzeigen und schnelle Videos im Fernsehen oder auf deinem Smartphone, bis hin zu weiteren oft störenden Reizen, wie Smog, wenn du im Stau stehst oder die Wärme in der überfüllten Straßenbahn. Das alles nimmt unser Körper oft unterbewusst auf und du magst es vielleicht gar nicht bemerken, aber es stresst dich und hinterlässt Spuren in dir.

Umso wichtiger ist es, deinem Körper eine Pause zu gönnen, in der es nur um ihn geht. Wenn du dich ganz auf dich konzentrierst und alles um dich herum ausschaltest, kommt dein Geist zu Ruhe und deine Seele kann aufatmen. Diese Auszeiten helfen dir, dich auf das Wichtige zu besinnen: Auf dich. Nach solch einer Phase der Besinnung und der Ruhe gehst du gestärkt hinaus und die aufreibenden Reize deines Alltags können dir nicht viel anhaben.

Aber nicht nur Lärm, Hitze und stickige Luft sind Stress für uns. Tagtäglich begegnen wir vielen Herausforderungen in unserem sozialen Umfeld, mit denen wir fertig werden müssen. Dein Chef hatte wieder einmal einen schlechten Tag und knallt dir zu Feierabend nochmal einen ordentlichen Batzen Arbeit hin. Das heißt für dich: Überstunden machen. Oder du bekommst mit, dass deine Freundin bei jemandem schlecht über dich geredet hat. Wie ungerecht! Dann beschwert sich auch noch dein Vermieter, dass du den Müll mal wieder nicht richtig getrennt hast.

Für jemanden, mit wenig Selbstliebe,auf dem Gefühlskonto, können all diese Strapazen, denen wir jeden Tag begegnen und mit denen wir uns herumschlagen müssen, ganz schön aufreibend sein. Wenn du innerlich nicht aufgebaut bist und eine schwache Verbindung zu dir selbst hast, weil du dich oft vernachlässigst, können dir diese Belastungen besonders stark an die Substanz gehen.

Du fühlst dich ausgelaugt, ungeliebt, überfordert und hast einfach keine Kraft mehr.

Deswegen ist es so wichtig, immer wieder zu sich selbst zurück zu kommen, auch in Zeiten, in denen es dir gut geht. So baust du ein gesundes Selbstwertgefühl auf und bist gewappnet, wenn es zu „Stürmen" in deinem Leben kommt. Nichts kann dich dann so leicht umhauen.

Sorgst du dich aber nicht darum, dass es dir gut geht und du regelmäßige Pausen von dem Stress des Alltags hast, kann dich das auf Dauer ganz schön belasten. Oft sind nicht nur körperliche, sondern auch psychische Krankheiten, wie Depressionen und Burnout, die Folge, wenn man seine Bedürfnisse zu lange ignoriert und seinem Körper damit zu viel abverlangt. Also, damit du gesund und körperlich und geistig fit bleibst, ist es umso wichtiger dich selbst zu lieben.

Und, wie auch schon erwähnt, hilft dir Selbstliebe auch dabei, andere zu lieben. Hast du eine gesunde Beziehung zu dir selbst, sind deine Beziehungen mit anderen auch stärker und positiver. Du kannst Personen, in deinem Umfeld, gelassener entgegentreten und streitest dich weniger. Du weißt, wer zu dir passt, wenn du dich kennst und spürst eher, wer dir gut tut und wen du meiden solltest.

Wenn du dich regelmäßig deinen Wünschen und Hobbies widmest, bist du ausgelastet und erfüllt. Das stimmt dich positiv und du begegnest deiner Umwelt optimistisch und offen. Du bist energiegeladen und bietest gerne deine Hilfe an. Der Kontakt mit anderen bereichert dich dann, anstatt dich auszulaugen. Auf dich zu hören, ist der Schlüssel zu einem glücklichen Leben - für dich und für dein Umfeld.

IV. Zeichen dafür, dass du dich selbst nicht (genug) liebst

Wie erkennst du, ob du dich selbst vernachlässigt hast? Was zeigt dir, dass du dich mehr lieben solltest und auf welche Warnsignale musst du achten?

Mit der Zeit und der Übung wird es dir immer leichter fallen, zu merken, wann der Moment für eine stille Pause für dich gekommen ist. Aber am Anfang fällt es dir sicher noch schwer wahrzunehmen, wann und ob du Selbstliebe benötigst.

Die folgenden Anzeichen für mangelnde Selbstliebe, helfen dir dabei:

- Du fühlst dich oft ausgelaugt und mit deiner Kraft am Ende. Deine Aufgaben zu erledigen fallen dir immer schwerer und manchmal fragst du dich, wofür du das alles eigentlich auf dich nimmst.

- Du bist schnell genervt von deiner Umwelt. Wenn du, gestresst von einem anstrengenden Tag, nach Hause kommst, kann es passieren, dass du deinen Partner oder wer auch immer gerade da ist, ungerechter
Weise anfährst.

- Du fühlst dich traurig und antriebslos. Auch wenn du frei hast, fällt es dir schwer, die Motivation aufzubringen, etwas zu unternehmen und rauszukommen. Mit deinen Freunden unternimmst du weniger als früher und deinen Hobbies gehst du auch nicht mehr nach. Du denkst immer wieder, dass das Leben so keinen Sinn macht.

- Wenn du vor Entscheidungen stehst, fällt es dir schwer diese zu treffen. Du weißt oft gar nicht, was du möchtest und lässt lieber andere auswählen.

- Bist du der Meinung etwas leisten zu müssen, um liebenswert und ein toller Mensch zu sein? Nach dem Motto: „Wenn ich das geschafft habe, dann bin ich gut.".

- Überlege: Weißt du wer du bist? Fühlst du eine Verbindung zu deinem Innersten? Kennst du deine Sehnsüchte und Wünsche, deine Hoffnungen und deineTräume? Oder funktionierst du die meiste Zeit nur und machst dir über dich gar keine Gedanken?

- Nimmst du deine Bedürfnisse wahr?Oder merkst du oft erst viel zu spät, dass du schon den ganzen Tag Hunger hattest, aber keine Zeit, darauf zu achten? Bemerkst du früh, dass dein Körper friert oder müssen dir andere sagen, dass deine Lippen schon blau sind? Realisierst du die Signale deines Körpers und kümmerst dich dann um ihn oder geht das oft in der Hektik des Alltags unter?

- Wenn du dich wegen etwas unwohl oder sogar beleidigt fühlst, stehst du dann zu deinen Gefühlen und sprichst sie an oder vermeidest du Konflikte lieber, beteuerst, dass alles in Ordnung ist und stellst dich damit zurück? Bist du dir genauso wichtig, wie es andere für dich sind?

- Deine Beziehungen enden in einer Katastrophe. Deine Freunde sagen dir, dass du dir andauernd den oder die Falsche raussuchst. Du fühlst dich missverstanden, übergangen und unglücklich. Oft hast du Streit und bist emotional total am Ende.

- Du kritisierst dich viel und stellst dich oft in Frage. Die Meinung anderer ist dir sehr wichtig und wenn du unter Leuten bist, fragst du dich immerzu, was sie wohl von dir halten und über dich denken.Für dich ist es extrem von Bedeutung, wie du nach außen hin wirkst und du kontrollierst dich und dein Auftreten, wenn du nicht alleine bist, ständig. Außerdem vergleichst du dich viel mit anderen, wobei du natürlich schlecht abschneidest, denn es gibt immer jemanden, der in irgendetwas besser ist als du.

- Du traust dir nicht viel zu. Ängste und Sorgen plagen dich oft und du machst dir viele Gedanken um mögliche Szenarien in der Zukunft. Um dein

Selbstvertrauen könnte es auch besser bestellt sein, du glaubst nicht an dich und würdest gerne mehr erreichen, aber denkst, dass du das nicht schaffen kannst. Hast du Erfolg, verbuchst du das als reine Glückssache.

- Außerdem kann es sein, dass du viel von anderen erwartest. Du fühlst dich oft ungerecht behandelt und denkst, die Welt und die Menschen um dich herum müssten dir mehr geben. Du suchst die Fehler, wenn auch unbewusst, oft bei anderen. Von deinen Freunden oder deinem Partner hast du schon gehört, dass du selbst Verantwortung für dein Leben übernehmen musst.

- Oder du bist das ganze Gegenteil und entschuldigst dich ständig und andere haben dir schon zurückgemeldet, dass das gar nicht so oft von Nöten sei.

Hast du gerade oft genickt und wolltest am liebsten laut „Ja!" rufen? „Ja, das bin genau ich!".Wenn du dich in diesen Sätzen wiedererkennen konntest, dann ist es für dich an der Zeit, die Welt um dich herum einmal auszuschalten und dich ganz um dich selbst zu sorgen, denn den wichtigsten Menschen in deinem Leben findest du nur in dir selbst. Kümmere dich um ihn.

V. Warum ist es so schwer, sich selbst zu lieben?

Selbstliebe bedeutet sich selbst anzunehmen. „Aber wie soll ich mich annehmen, wenn ich doch so unzufrieden mit mir bin?", fragst du dich vielleicht. „Ich bin meilenweit entfernt von meinem Wunschgewicht.","Meine Haut ist übersät von Unreinheiten.","Meine Proportionen sind schrecklich.","Mein Cousin ist so erfolgreich und was habe ich schon auf die Reihe gekriegt?!","Ich habe keinen Partner, der mich liebt, wieso sollte iches dann tun?!". Es könnte noch ewig so weitergehen ...

Hast du diese Dinge auch schon einmal gedacht? Bestimmt hast du sie schon von anderen gehört.

In einer Welt, in der es immer schneller, höher, weiter, besser geht, ist es schwer, nicht in Selbstzweifel zu verfallen und es gibt ja schließlich immer jemanden, der dir zeigt, dass es ein noch Schöner oder Schlanker gibt, dass du noch beliebter oder reicher sein könntest.

Durch Soziale Netzwerke wird uns ein Bild vorgespielt, das es so eigentlich gar nicht gibt. Jeder postet nur die Schokoladenseite von sich oder hast du an einem schlechten Tag schon mal ein Selfie von deinem verheulten Gesicht gemacht?!

Auch TV und Co. zeichnen eine Darstellung des „perfekten" Menschen, der niemals existieren kann. Andauernd sieht man nur sonnengebräunte schlanke Körper, die astrein proportioniert sind, gesundes und frisches Essen, alle scheinen immer schon in den frühen Morgenstunden aufzustehen und stundenlang Sport zu treiben. Jeder ist gesund, wunderschön und natürlich wahnsinnig erfolgreich.

Da kommst du dir natürlich vor, wie ein Mensch zweiter Klasse. Es ist sehr schwer sich bei all dieser Perfektion nicht zu vergleichen und sich zu fragen, ob man wirklich zu selben Gattung gehören soll. Selbstverachtung und Frust sind da vorprogrammiert.

Die Erwartungen, die wir uns und unserem Leben entgegenbringen sind also viel zu hoch gesteckt und gar nicht realistisch. Unsere Ansprüche an unsere Leistungen, unsere Vorstellungen von unserem Äußeren und von unseren Beziehungen sind nicht erreichbar. Natürlich sind wir dann enttäuscht von uns und möchten uns nicht am liebsten gleich selbst umarmen.

Wir vergessen leider, dass alles Perfekte nur ein Trugbild ist. Das wir Menschen mit Gefühlen sind und keine immer funktionierenden Maschinen.

Wir tragen etwas in uns, dass in dieser leistungsorientierten Welt leider viel zu oft zu kurz kommt, dass uns aber von Computern und Robotern, die immer alles geben können, unterschiedet und das uns besonders macht und das ist unser Innerstes: Unsere Seele. Ihr sollten wir viel mehr Aufmerksamkeit schenken, damit unser Herz heilen und wir uns selbst lieben können.

VI. Gründe, wegen denen wir verlernt haben, uns zu lieben.

Alles Grundlegende lernen wir in der Kindheit. Natürlich ist es auch möglich, später Dinge dazuzulernen, aber die Basis wird in den frühsten Kindertagen gelegt. Unsere Eltern und die Menschen, die uns umgaben, als wir noch klein waren, zeigten uns wie das Leben funktioniert und wie wir uns zu verhalten haben.

So haben sie uns auch mit auf den Weg gegeben, wie wir zu uns selbst stehen und uns unbewusst beigebracht, wie Selbstliebe funktioniert oder eben nicht funktioniert. Wir haben uns damals alles von ihnen abgeguckt. Sind unsere Eltern also nicht gut mit sich umgegangen, haben sie sich und ihre Bedürfnisse zum Beispiel oft ignoriert, sind über ihre Grenzen gegangen und haben schlecht von sich selbst geredet, haben wir das übernommen und gehen jetzt wahrscheinlich auch nicht besser mit uns um.

Haben sie sich aber regelmäßig Zeit für sich genommen und sich Pausen gegönnt, wirst auch du dir heute nicht zu viel zumuten und dich weniger überfordern, als jemand, der solche Vorbilder nicht hatte.

Außerdem hinterließ es auch tiefe Spuren, wie deine Eltern oder Familienangehörige mit dir umgegangen sind. Waren sie sehr auf gute Noten und Erfolge aus und haben von dir erwartet, dass du dich jederzeit anstrengst und immer dein Bestes gibst, setzt du dich heute wahrscheinlich auch sehr unter Druck und neigst zum Perfektionismus.

Leider ist das Gift für die Selbstliebe, denn bei ihr gilt ja, dass du so sein kannst, wie du bist, ohne etwas zu leisten. Sich anzunehmen ist ganz schön schwer, wenn man aufgrund zu höher Ansprüche, andauernd unzufrieden mit sich ist.

Auch wenn du in deiner Kindheit missbraucht wurdest oder deine Eltern sich nicht um deine emotionalen Bedürfnisse gekümmert haben, kannst du dadurch gelernt haben, dass du deinen eigenen Gefühlen nicht trauen kannst und „falsch" bist.

Hat sich zum Beispiel dein Onkel an dir vergangen und dir danach gesagt, dass du das niemandem sagen darfst, weil andere dir nicht glauben würden oder du schuld wärst, hat deine Beziehung zu dir selbst dadurch wahrscheinlich ziemlich gelitten.

Oder haben deine Eltern dich als kleines Kind ignoriert, wenn du geweint hast und haben sie dich Nächte lang durchschreien lassen, könntest du daraus gelernt haben, dass du nichts zu sagen hast in der Welt, dass du klein und unbedeutend bist und deine Empfindungen nicht wichtig sind.

So können viele Dinge, die deine Eltern oder frühe Bezugspersonen dir vorgelebt oder entgegengebracht haben, großen Einfluss auf deinen heutigen Bezug zur Selbstliebe haben.

Aber leider ist das nicht nur in einzelnen Familien der Fall. Es ist heute so, dass nur sehr wenige, überhaupt etwas mit dem Begriff der Selbstfürsorge anfangen können und oft gilt es sogar als verpönt, faul oder selbstsüchtig, wenn man sich um sich selbst sorgt, anstatt zu jeder Zeit für andere da zu sein. Aber keine Sorge: Auch, wenn du nicht gelernt haben solltest, wie du eine Beziehung zu dir aufbaust und sie pflegst, kannst du dieses Wissen sogar heute noch erlangen und Meister in der Selbstliebe werden.

VII. Selbstliebe lernen

Um Selbstliebe zu erfahren, ist es wichtig, dass du dich erst einmal kennenlernst. Dazu nimm dir Zeit ganz für dich allein und Abstand von deiner Umwelt. Am besten ziehst du dich an einen ruhigen Ort zurück, von dem du weißt, dass dich dort niemand stört und du ganz bei dir und deinen Gedanken sein kannst.

Nun entferne alles, was dich ablenken kann, vor allem Dinge die Geräusche machen und technische Geräte, wie dein Smartphone, damit du nicht in Versuchung kommst, darauf zu schauen. Es ist wichtig, Eindrücke von außen zu minimieren, sodass du ganz bei dir und deinem Innern bleiben kannst.

Jetzt höre in dich hinein und nimm deine Gefühle und Gedanken zu folgenden Fragestellungen wahr. Wichtig ist, dass du annimmst, was dabei in dir vorgeht. Annahme ist eine Grundvoraussetzung der Selbstliebe und nur so kannst du erfahren, wer du wirklich bist.

Sei ehrlich mit dir selbst, stehe zu deinen Gefühlen, auch wenn sie dich anfangs vielleicht verwirren. Nimm sie erst einmal ganz so an, wie sie auftauchen, ohne sie zu bewerten.

Alles was kommt, darf da sein, auch wenn es „negative" Gefühle, wie Trauer, Wut oder Angst sind. Alles was kommt, ist wichtig für dich, denn das bist du. Verlasse dich darauf, dass dein Körper und dein Geist dir zeigen, was im Moment wichtig zu fühlen und zu denken ist und lehne nichts davon ab. Lasse die Gefühle und Gedanken einfach kommen und wieder gehen.

Nun mache dir über folgende Themen Gedanken. Ganz wichtig: Es muss nichts, aber es darf alles. Was du denkst ist vollkommen in Ordnung und hat seinen Raum verdient. Wenn dir erst einmal nichts dazu einfällt, ist das auch okay. Bewege diese Fragen und Sätze auch noch die nächsten Tage und Wochen immer wieder in dir. Es wird sich etwas in dir regen, wenn Zeit dafür ist.

Gerne kannst du dir hierfür auch einen Stift und ein Blatt Papier zur Hand nehmen und dir Notizen machen. Oder du hörst die Frage, pausierst, schließt die Augen und denkst eine Weile über sie nach. Du kannst dir diesen Abschnitt auch gerne mehrmals anhören. Ganz wie es sich für dich gut anfühlt.

1. Was ist deine Vorstellung von einem wundervollen Tag?
2. Was hast du als Kind gerne gemacht?
3. Wofür hast du im Laufe deines Lebens bereits Komplimente bekommen? Was kannst du gut?
4. Was machst du gerne? Bei welchen Dingen, verlierst du dich in Gedanken und merkst gar nicht, wie schnell die Zeit verfliegt?
5. Bei welchen Menschen fühlst du dich wohl? Wann fühlst du dich nach einem Treffen leichter und energiegeladener als vorher? Was haben diese Menschen an sich, dass du sie magst? Wie begegnen sie dir?
6. Hast du ein Vorbild? Was gefällt dir an dieser Person?
7. Wenn Geld keine Rolle spielen würde, was würdest du tun wollen?
8. Was hast du in deinem Leben bereitsgeschafft, auf das du richtig stolz bist oder auf das du früher einmal sehr stolz warst? Was hat dir daran gefallen?
9. Was ist dein Ziel? Was möchtest du einmal erreichen, unabhängig davon, was andere davon halten?
10. Hast du einen tiefen Traum, der schon ewig,vielleicht heimlich, in dir

schlummert? Was hat dich bisher davon abgehalten, ihm nachzugehen?

11. Was magst du an dir? Körperlich und auf deinen Charakter bezogen. Wenn dir die Antwort darauf schwer fällt, überlege, wofür du schon positive Rückmeldungen bekommen hast.

All diese Fragen helfen dir dabei, dein Innerstes zu erforschen. Wenn du dich mit ihnen auseinandersetzt, erfährst du mehr über deine Wünsche, deine Hoffnungen, deine Träume und deine Bedürfnisse und je mehr du dem nachgehst, was du wirklich möchtest, desto mehr lernst du dich kennen und baust eine Beziehung zu dir auf. Das ist dein erster Schritt zur Selbstliebe.

VIII. Tipps für die tägliche Selbstliebe

Um deine Selbstliebe zu trainieren und zu festigen, ist es wichtig, dass du deine Einstellung zu dir ins Positive veränderst. Du hast den ersten Schritt dazu bereitsgetan, indem du dir die Fragen zu dir selbst im letzten Kapitel gestellt hast. Nun gehen wir auf ein paar wichtige Punkte ein, die dir dabei helfen, dich zu akzeptieren und dich anzunehmen, so wie du bist.
Dazu ist es wichtig, sie so oft wie möglich zu wiederholen, damit dein Gehirn sie sich merken kann und sie irgendwann sogar von alleine in dir ablaufen.

- *Rede gut mit dirund von dir*, anstatt immer wieder zu sagen, was dir an dir nicht gefällt. Lenke dein Augenmerk auf die Dinge, die du gut kannst und an dir magst. Wenn du merkst, dass du dich viel kritisierst, dann halte kurz inne und versuche das Gute zu sehen oder gnädig mit dir zu sein. Du musst nicht alles können.

- *Vergleiche dich nicht.* Sage dir: „Die anderen sind die anderen und ich bin ich.". Jeder hat seine Stärken und Schwächen. Meistens sieht man aber nicht alles vom anderen. Also sei nicht so streng mit dir und lass dich sein, wie du bist.

- *Akzeptiere deine Schwächen und deine Fehler.* Es ist vollkommen okay, menschlich zu sein und Fehler zu machen. Missgeschicke passieren. Verzeihe dir und sieh sie als ein Lernprozess an. Konzentriere dich auf das, was du bereits geschafft hast. Fehler kommen bei jedem vor. Auch bei dir und du bist trotzdem vollkommen okay und gut.

- *Stehe zu deinen Gefühlen,* vor dir und vor anderen. Wenn es dir heute nicht so gut geht, dann ist das halt so. Wenn du einmal nicht der Supersonnenschein bist, dann darfst du auch ruhig und zurückgezogen sein. Wenn du eine Pause brauchst, dann nimm sie dir. Fange diesen Schritt langsam an, zum Beispiel mit kleinen Pausen oder Rückzügen, und steigere dich dann, so wie du es brauchst.

- *Lobe dich.* Überlege am Ende des Tages, was heute gut gelaufen ist, was dir Spaß gemacht hat und was du erreicht hast. Hast du etwas besonders gut gemacht? Notiere es dir und pinne es dir irgendwo hin, wo du es siehst.

- *Nimm dir Zeit für dich und tu dir Gutes.* Unternehme regelmäßige „Dates" mit dir selbst. Das klingt komisch für dich? Es können ganz gewöhnliche Dinge sein, wie das Joggen an einer schönen Strecke entlang oder ein genüssliches Frühstück bevor der Alltagstrubel losgeht. Auch besondere

Unternehmungen, wie ein Ausflug zu einem Ort, den du schon immer einmal sehen wolltest oder ein Kaffee in einem neuen Ambiente in deiner Stadt, sind möglich.

- *Erstelle eine Liste von Dingen, die du magst.* Das können Hobbies, Ausflugsziele, Erlebnisse oder kleine Rituale sein. Schreibe alles auf und hänge dir die Liste an einen Ort, den du öfter siehst. So hast du immer Ideen für eine kleine Auszeit ganz für dich. Ergänze deine persönliche Liste stets weiter. Du wirst sehen, das macht Spaß.

- *Beginne, dich selbst zu mögen.* Sei höflich zu dir, gib auf dich Acht. Wenn du willst, spreche mit dir, wenn auch nur in Gedanken. „Was unternehmen wir denn heute Schönes?" oder „Du siehst aber zauberhaft aus, das neue Kleid steht dir wunderbar.". Was sich anfangs komisch anfühlt, wird schnell zur Gewohnheit und tut dir wahnsinnig gut.
Du wirst sehen. Fange am besten damit an, dir jeden Morgen und Abend beim Fertigmachen im Spiegel zuzulächeln und eine gute Eigenschaft an dir zu nennen.
Das löst das Eis.

- Und nochmal: *Akzeptiere dich.* Das kann man gar nicht oft genug sagen. Wenn Gedanken oder Gefühle aufkommen, nimm sie an und überlege, woher sie kommen und was sie dir sagen wollen. Alles ist okay, denn das alles gehört zu dir. Du bist okay!

- *Sei geduldig mit dir.* Du musst nicht alles können. Du darfst dir die Zeit für die Dinge nehmen, die du brauchst. Zeige Geduld im Umgang mit dir selbst und erlaube dir, dass die Dinge Zeit benötigen. Auch die Selbstliebe.

- *Gönne dir Gutes.* Du hast dir gute Sachen verdient. Du hast dir eine Pause verdient und du hast dir Genüsse verdient, zum Beispiel ein wunderbar leckeres Stück Kuchen oder einen sinnlichen Tee. Gönne dir Dinge und genieße sie. Su hast sie verdient, und zwar nicht weil du etwas geleistet hast, sondern einfach weil du, du bist. Du bist wunderbar und verdienst Gutes!

- *Sei dir selbst dankbar.* Dein Körper trägt dich jeden Tag wohin du möchtest. Deine Lunge atmet für dich. Dein Herz schlägt tapfer in jeder Sekunde. Dein Geist ermöglicht dir wundervolle und intelligente Gedanken zu formen und dich innerlich wachsen zu lassen. Sei dankbar für das alles. Sei dir dankbar und belohne dich dafür, mit Dingen, die dir gut tun.

Wichtig ist, dass du dir regelmäßig Zeit nimmst und dich immer wieder an diese Schritte erinnerst. Sie werden nicht von alleine ablaufen. Jede Angewohnheit braucht Zeit, um sich zu verfestigen.
Gib dir, deinem Körper, deinem Geist und deiner Seele die Zeit, die du benötigst.
Greife auch auf Yoga oder Meditationsübungen zurück, um dich zu spüren und deine Beziehung zu dir selbst weiter auszubauen.

Besonders nach einem stressigen Tag, suche dir ein paar dieser Strategien aus, um wieder runter- und zu dir zu kommen. Wiederhole sie so oft wie möglich.

Du bist der einzige Mensch, der dich dein Leben lang in jeder Sekunde deines Daseins begleiten wird. Deswegen ist es so wichtig, jetzt anzufangen, dich zu lieben, so wie du bist und eine wertvolle und wohltuende Beziehung zu dir aufzubauen, damit du mit dir selbst in vollkommener Ruhe und im Gleichgewicht mit deinem Herzen und deiner Seele in Frieden ein glückbringendes Leben führen kannst.

Liebe dich.

Warum geraten manche Frauen immer an den Falschen, während andere ein goldenes Händchen bei der Auswahl ihrer Partner haben?

Wird die Partnerwahl von biochemischen Prozessen in deinem Körper gelenkt, auf die du keinen Einfluss hast?

Übernimmt das Unterbewusstsein die Kontrolle, sobald du dich verliebst, ohne dass du etwas davon mitbekommst?

Bestimmt deine Kindheit darüber, wen du als Erwachsene attraktiv und begehrenswert fndest?

Die Suche nach Mr. Right wird von vielen Faktoren beeinflusst.

Ob du dich am Ende für den Richtigen oder den Falschen entscheidest, hängt aber ganz allein davon ab, wie gut du dich selbst kennst.

* * *

Der Poet

der_poet_official

Deno Licina

www.deno-licina.com